Dom de línguas

O que a Bíblia ensina

Márcio José Pinheiro

Dom de línguas

O que a Bíblia ensina

Márcio José Pinheiro

Belo Horizonte/MG

2017

Dom de línguas

O que a Bíblia ensina

Autor e formatação: Márcio José Pinheiro

Revisão: Rielson Alves de Souza

Impressão: Clube de Autores

ISBN: 9-788592-306700

Impresso no Brasil

2017

O batismo com o Espírito Santo, não implica necessariamente o falar em línguas. Creio na revelação do Espírito Santo através da Palavra de Deus, mas não em revelamento da igreja. O que a Palavra de Deus diz a respeito, está acima de qualquer revelamento e ou entendimento que a igreja possa ter sobre qualquer assunto.

O autor

Janeiro/2016

SUMÁRIO

Introdução

A intenção em se escrever sobre o assunto, surgiu em meio a uma pequena conversa, ao qual havia pontos de vista divergente e, por mais que se apresentasse uma argumentação sólida baseado nos ensinos bíblicos, ficou evidente que argumentação pura e simples não surtia efeito, pois o outro lado nem ao menos cogitava a possibilidade de analisar o que era falado, porque estava em desencontro com o que acreditava.

Tempos depois, apesar da frustração, cresceu em mim, o desejo de aprofundar mais um pouco sobre o assunto, para em primeira instância ter mais argumentos básicos e bíblicos mais consistentes sobre o dom de línguas e depois, com a intenção em levar esse conhecimento e o entendimento adquirido à igreja que congrego.

Mas, parece que o desejo de Deus estava além de levar esse novo conhecimento adquirido apenas a uma igreja, pois esse foi o lugar em que fui criticado, porque apesar de seus membros amarem a Palavra de Deus, para a maioria da liderança, esse ensino é em grande parte contrário ao que eles pregam.

Então, este estudo ficou arquivado por mais de dois anos, até novo confronto sobre o assunto e desta vez, apesar de apresentar argumentação mais consistente, novamente o ensino foi rejeitado, não pela grande maioria com antes, pois alguns preferiram abster-se e, por este motivo, coloquei toda essa argumentação nesta obra que o leitor agora começa a ler.

Originalmente, ele fazia parte de outra obra "Verdades bíblicas sobre dons espirituais". A decisão em separar este tema da obra anterior, em primeiro lugar foi devido ao número de página e não querendo criar um livro volumoso; o segundo motivo, que acabou sendo o motivo principal por essa separação, foi para reforçar alguns pontos que originalmente havia passado despercebidos e necessitava de um aprofundamento.

No entanto, este estudo como deve ter ficado subentendido, se propõe a tratar objetivamente sobre dons de línguas, suas aplicações e implicações nos dias de hoje, pois foi exatamente nessa parte que as divergências foram mais acirradas.

Para este estudo, bem como para qualquer outro assunto referente à religião cristã é necessário esclarecer que se deve considerar a Palavra de Deus – a Bíblia Sagrada – como autoridade máxima e final nas argumentações; exceto aquelas em que os pontos não estejam claramente descritos.

Acreditamos que independente da denominação ou segmento religioso, como verdadeiros cristãos devemos ter na Bíblia Sagrada, que é a Palavra de Deus, como regra de fé. Isso é o mesmo que afirmar que tudo o que cremos ou tudo que fazemos deve estar pautado pela Palavra de Deus.

O desejo deste autor é apresentar a seus leitores, uma ideia mesma que básica, pautada tanto no correto entendimento teológico como no entendimento popular do que se crê sobre os dons espirituais e mesmo que a opinião leiga esteja em desencontro ao que este autor defende.

Lembramos que de modo algum, podemos colocar a experiência humana, ou a palavra e entendimento humano, por mais espiritual que possa nos parecer, acima dos ensinos bíblicos, pois como escrevemos, como verdadeiros cristãos devemos ter a Bíblia Sagrada como regra de fé.

O falar em línguas

"Através da história da igreja, nenhum dom espiritual tem ocasionado tanta controvérsia contínua como o dom de línguas" (GROMACKI, 1986, pág. 211) e acrescenta:

> O simples fato de o fenômeno de falar línguas estranhas ou glossolalia (proveniente do grego glossa, língua e laleo, falar) se achar na Bíblia deve ser causa suficiente para merecer uma plena investigação. O fenômeno é mencionado em três livros: Marcos, Atos e 1 Coríntios. Como uma parte muito expressiva da vida da igreja primitiva, está sempre relacionado com o ministério do Espírito Santo. Foi uma evidência da descida do Espírito Santo no dia de Pentecostes (At 2.1-4) e da recepção inicial do Espírito em pelo menos dois casos (At 10.44-47; 19.1-7). O falar em línguas estranhas foi também um dom espiritual exercido pela igreja em Corinto (1 Co 12-14). (GROMACKI, 1986, pág.12)

"As línguas são o modo sobrenatural de conversar com Deus e visam à edificação espiritual dos filhos de Deus", acrescentando logo em seguida que é "mediante as línguas, Deus deu à igreja modo sobrenatural de comunicar-se com ele"; é assim que o Manual Bíblico de Halley nos apresenta o que é o falar em línguas (HALLEY, 2001, pág. 624).

Paulo diz: *"Quem fala em língua estranha não fala a homens, senão a Deus, porque ninguém o entende e em espírito fala mistérios"* (1 Co 14.2).

MacArthur comentando sobre este versículo nos orienta a notar uma particularidade, pois o versículo inicia com a frase *"quem fala em outra língua"*, chamando-nos a atenção que está no singular "indicando que se trata da falsa algaravia do falso discurso extático pagão".

Algaravia, segundo definição do Dicionário Eletrônico Aurélio é a língua árabe "com influência de algarb, 'o Oeste (nome dado à região do Algarve)" e figurativamente é uma linguagem confusa e ininteligível. Pelo contexto, a utilização de algaravia é no sentido figurado. Acrescenta ainda:

> É usado o singular porque a algaravia não pode ser plural; não existem diversos tipos de línguas inexistentes. Existem, todavia, diversas línguas; assim, quando fala a respeito do verdadeiro dom de línguas, Paulo emprega o plural a fim de fazer a distinção (vs. 6.18,22-23,29). A única exceção está nos vs. 13,27-38 em que há a referência a uma única pessoa falando uma única e genuína língua (Bíblia de Estudo MacArthur, nota marginal ao versículo, pág. 1549).

Continuando sua interpretação do versículo, MacArthur comentando sobre *"não fala a homens, senão a Deus"*, escreveu que "a algaravia deles era adoração a deuses pagãos" e que em nenhuma parte da Bíblia Sagrada, "não apresenta nenhuma ocorrência de qualquer cristão falando a Deus em nenhuma outra língua a não ser na língua comum dos seres humanos".

Com essas palavras percebemos que para o apóstolo Paulo é de fundamental importância compreender a distinção da frase "fala em outra língua" para que não se tenha o entendimento incorreto nas quais muitos cristãos nos dias de hoje são vítimas. Devemos nos atentar e lembrar sempre que o uso no singular "língua" é para diferenciar do falso falar em língua pagã do verdadeiro dom de uma língua estrangeira.

Temos presenciado nas igrejas hoje em dia ao invés do genuíno falar em línguas, o falar extático que se assemelha ao falar em língua quase em tipo de êxtase, porém ao atentar no que se diz, veremos praticamente mais falas desconexas decoradas durante a fala.

Todavia, o falar em línguas sem que haja interpretação, é um tipo de oração feita em espírito a Deus e não ao povo, então, segundo orientações e ensino da própria Bíblia, deve ser feita a si mesmo, pois não edifica a igreja porque ninguém entende o que é dito.

Assim, vemos que a critica do apóstolo Paulo aos coríntios era uma exortação aos carnais que utilizavam o falso dom de língua, a fala extática do paganismo, pois esses não se preocupavam em ser entendidos, mas em "aparecer" para que aqueles que o vissem – ditas em uma linguagem mais moderna – pensassem que são mais espirituais que os outros.

MacArthur comentando sobre a fala extática diz que:

> O espírito por intermédio do qual falavam não era o Espírito Santo, mas o próprio espírito humano deles ou algum demônio; e os mistérios que eles declaravam eram do tipo associado às religiões pagãs de mistério, que era adotado pela sua profundidade que somente alguns poucos iniciados tinham o privilégio de conhecer e entender. Esses mistérios eram totalmente diferentes daqueles mencionados na Escritura, os quais eram revelações divinas de verdades anteriormente escondidas (Bíblia de Estudo MacArthur, nota marginal ao versículo, pág. 1549).

Os versículos 13 a 19 de 1 Coríntios 14 ensina que o falar em línguas nas igrejas, quando não interpretado, nada vale, pois Paulo diz que é preferível falar cinco palavras em uma língua inteligível do que dez mil em uma língua desconhecida.

Por isso, o que fala em língua desconhecida, ore para que a possa interpretar. Porque, se eu orar em língua desconhecida, o meu espírito ora bem, mas o meu entendimento fica sem fruto. Que farei, pois? Orarei com o espírito, mas também orarei com o entendimento; cantarei com o espírito, mas também cantarei com o entendimento. De outra maneira, se tu bendisseres com o espírito, como dirá o que ocupa o lugar de indouto, o Amém, sobre a tua ação de graças, visto que não sabe o que dizes? Porque realmente tu dás bem as graças, mas o outro não é edificado. Dou graças ao meu Deus, porque falo mais línguas do que vós todos. Todavia eu antes quero falar na igreja cinco palavras na minha própria inteligência, para que possa também instruir os outros, do que dez mil palavras em língua desconhecida (1 Co 14.13-19).

O versículo de 1 Co 14.14 está escrito: *"Porque, se eu orar em língua estranha, o meu espírito ora bem, mas o meu entendimento fica sem fruto"*. Paulo caracteriza o falar em línguas como oração, assim ao que parece, falar em línguas é uma oração dirigida a Deus, que nasce do espirito da pessoa que está falando.

Entretanto, devemos parar e analisar o falar em língua extática. Se ao orarmos verdadeiramente pelo Espírito Santo e não pelo espírito humano e nossas orações serem entendidas por aqueles que as ouve e entende, podemos dizer amém a essa fala. Contudo, a fala que normalmente vemos nas igrejas, as pessoas que as ouve, não entendem o que se está falando. Como poderemos concordar, falar amém se não entendemos o que se fala e ainda pior, pensar que aquilo é uma oração e louvor a Deus se até mesmo aquele que o fala não entende. Insistimos mais uma vez no correto ensino bíblico.

Orar em língua estranha, ou seja, sem interpretação (o que indica que era a prática dos coríntios), sem entendimento e ou tradução, trazia apenas a autoedificação para a pessoa e nenhuma edificação para a igreja.

A Palavra de Deus é bem clara e não dá margem para exceção, assim, se não houver um intérprete no culto, a orientação é que o indivíduo deve ficar calado, *"Mas, se não houver intérprete, esteja calado na igreja, e fale consigo mesmo, e com Deus"* (1 Co 14.28).

O que devemos entender aqui é que mesmo que essa manifestação extática traga um aparente benefício a quem fala, a edificação da igreja fica comprometida, pois o melhor não é a edificação de si próprio, mas a edificação de ambos, o que fala e a igreja que ouve.

Esse fenômeno se pode ser classificado como tal, é contrário ao do Pentecostes, além disso, precisamos entender que 1 Coríntios 14 é uma instrução geral do apóstolo Paulo que tem como base sua experiência com o falar em línguas em muitas igrejas diferentes. Enquanto Atos 2 relata um fato singular, ou seja, Atos 2 é uma narrativa histórica enquanto 1 Coríntios 14 é uma instrução doutrinária e é por este motivo, que essas orientações paulinas deve ser seguida, caso não fosse assim, com certeza, Deus não permitiria que estivesse registrado nas Escrituras.

Saliento que o entendimento que qualquer pessoa possa ter sobre o dom de línguas, não deve divergir ou estar em desarmonia do que está escrito na Palavra de Deus.

Se houver tal divergência, deveremos parar e reanalisar toda a situação, pois corre o risco de não ter o aval bíblico, ser herético e pode proceder do maligno, sendo esse mais um laço utilizado para nos afastar da verdadeira Palavra de Deus.

O que é glossolalia?

> Glossolalia (do grego glóssa [língua]; laló [falar]) é um fenômeno, que pode ocorrer em situação de exaltação religiosa, caracterizado pelo comportamento de certos indivíduos que começam, espontaneamente, a falar línguas desconhecidas, tidas como frutos de dom divino, mas que, geralmente são línguas inexistentes (Dicionário Eletrônico Aurélio).

O Dicionário Teológico traz a seguinte definição:

> Dom sobrenatural concedido pelo Espírito Santo, que capacita o crente a fazer enunciados proféticos e de enaltecimento a Deus em línguas que lhe são desconhecidas.
> A glossolalia, conhecida também como dom de línguas, línguas estranhas ou variedade de línguas (ANDRADE, 2010, pág. 201-202).

Gromacki citando alguns lexicógrafos define glossa como órgão da fala, órgão físico que produz sons audíveis e conhecidos, como os sons de várias línguas humanas.

Acrescenta ainda, que "um estudo do uso novotestamentário de glossa há de revelar o fato de que, quando empregado a respeito do fenômeno de glossolalia, sempre se refere a línguas estrangeiras" (GROMACKI, 1986, pág. 93).

Enfatizando a seguir que "o mero fato que glossa se usa, muitas vezes, para designar o órgão da fala, o conteúdo das línguas e os grupos denotados por línguas conhecidas deve ser um fator determinante em fixar o significado do termo, quando usado quanto ao fenômeno de glossolalia". (GROMACKI, 1986, pág. 94).

A palavra "lalia" é encontrada no Novo Testamento em duas passagens:

> *E, daí a pouco, aproximando-se os que ali estavam, disseram a Pedro: Verdadeiramente também tu és deles, pois a tua fala te denúncia.* (Mt 26.73)

> *Mas ele o negou outra vez. E pouco depois os que ali estavam disseram outra vez a Pedro: Verdadeiramente tu és um deles, porque és também galileu, e tua fala é semelhante* (Mc 14.70)

> *Porque o que fala em língua desconhecida não fala aos homens, senão a Deus; porque ninguém o entende, e em espírito fala mistérios* (1 Co 14.2).

Sobre o objetivo da glossolalia, o Dicionário Teológico apresenta a seguinte redação: "é proclamar sobrenatural e extraordinariamente o Evangelho de Cristo, como aconteceu no dia de Pentecostes (At cap. 2); levar o crente a consolar-se no espírito e a anunciar, com o auxílio do dom da interpretação, o

conhecimento e a vontade de Deus à igreja (1 Co cap. 14)"
(ANDRADE, 2010, pág. 201-202).

Um ponto importante é que o cristianismo não admite
transe religioso como acontece em algumas religiões. A religião
cristã ou o cristianismo como alguns preferem se referir, exige
não um transe induzido, mas o entendimento, a moderação, o
discernimento, o autodomínio e o conhecimento e isto, pode ser
entendido conforme os textos abaixo:

> *Amarás, pois, ao Senhor teu Deus de todo o teu*
> *coração, e de toda a tua alma, e de todo o teu*
> *entendimento, e de todas as tuas forças; este é o*
> *primeiro mandamento.* (Mc 12.30)

> *Rogo-vos, pois, irmãos, pela compaixão de Deus,*
> *que apresenteis os vossos corpos em sacrifício vivo,*
> *santo e agradável a Deus, que é o vosso culto*
> *racional.* (Rm 12.1)

O que vem a ser glossolalia religiosa na visão cristã? No
cristianismo, glossolalia religiosa (ou dom de línguas) é narrada
pela primeira vez na Bíblia, no livro dos Atos dos Apóstolos que
descreve o evento ocorrido no Dia de Pentecostes, uma data em
que judeus de várias partes do mundo se reuniam em Jerusalém:
partos, medas, elamitas, povos da Mesopotâmia, Judeia,
Capadócia, Ponto, a província da Ásia, Frígia, Panfília e Egito.

A relação ainda incluía as regiões da Líbia na direção de Cirene, visitantes de Roma, tanto judeus como aqueles que se converteram ao judaísmo, cretas e árabes (Atos 2.9-11).

Esses se maravilharam por conseguir ouvir a mensagem em sua própria língua ou dialeto. Sinal similar ocorreu na casa de Cornélio, um oficial romano.

Na visão da igreja católica romana, o dom de línguas acontece dentro da chamada Renovação Carismática Católica (RCC). A prática de "orar em línguas", tal como está difundida dentro do catolicismo carismático, por meio da Renovação Carismática Católica, tem sua origem no século XIX entre os pentecostais metodistas, conforme afirmam os estudiosos.

Não apenas os cristãos – aqui me referindo aos protestantes ou evangélicos como normalmente são conhecidos – católicos, mas atualmente religiões como o espiritismo ou kardecismo como são mais conhecidos, apresentam fenômenos semelhantes, incluindo manifestações de xenoglossia.

Segundo a doutrina espírita, a xenoglossia também é mais conhecida como mediunidade poliglota. Fenômenos de glossolalia são observados também no xamanismo e no vodu haitiano.

Xenoglossia é uma palavra que designa o falar em língua estranha ou mesmo uma língua estrangeira. O Dicionário Eletrônico Aurélio apresenta a definição de que xenoglossia é "a fala espontânea em língua(s) que não fora(m) previamente aprendida(s)" relacionando com glossolalia.

Na prática, xenoglossia é um fenômeno que está além do entendimento da psicologia convencional; é um fenômeno que pode ser descrito como fora dos padrões estabelecidos, onde uma pessoa é capaz de falar idiomas que nunca aprendeu.

Como exemplo, podemos citar que uma pessoa começa a falar mandarim, russo, alemão ou qualquer outra língua de qualquer país, sem nunca em sua vida ter aprendido essa língua ou ter convivido com alguém de um desses países ou até mesmo ter pertencido a eles.

Lembro-me de me meus tempos de adolescência onde procurava respostas sobre questões da própria vida, inclusive religiosas e participei de uma reunião mediúnica realizada por meu tio e minha mãe que eram respectivamente umbandistas e kardecistas naquela época.

Em determinado momento, em transe mediúnico, meu tio que havia incorporado determinada entidade, começou a falar em uma língua da qual não se entendia o significado de qualquer palavra. Face à dificuldade de comunicação, começou a falar latim; eu pelo menos acreditava que era latim, pois conhecia algumas poucas palavras e logo em seguida, essa entidade falou em inglês.

Como eu sabia o significado de algumas palavras na língua inglesa, mesmo assim, foi difícil estabelecer contato e disse a entidade se ele falava em esperanto. Ao invés de me responder começou falar em espanhol, então podemos saber o que aquela entidade queria dizer.

Confesso que não me lembro o que se foi dito. Aquela entidade pelo que ficou registrado até hoje em minha memória, apresentou-se como um estudioso religioso e trouxe algumas exortações. Esse fenômeno, confesso excitou minha mente e daí procurei conhecer mais sobre isso.

O que posso afirmar é que meu tio naquela ocasião, tinha apenas um pequeno conhecimento da língua espanhola e com relação a língua inglesa sei que ela detestava, pois nem ao menos gostava de escutar música em inglês porque dizia que não sabia o que se estava ouvindo.

O que mais me impressionou foi a fala em latim, pois havia aprendido recitar o Pai Nosso em latim e sabia que minha mãe havia iniciado em seus tempos de adolescente, o latim;

porém, a outra língua, ninguém soube dizer que língua era, nem ao menos o meu tio depois de haver finalizado a sessão.

O que pretendo dizer é que mesmo que algumas pessoas procurem negar o fenômeno de falar em línguas estranhas relatado na Bíblia, devido a sua pouca manifestação nos dias de hoje, não estamos nos referindo ao falar em língua extática que nada tem a ver com o relatado e este estudo.

Sem querer julgar que seja um fenômeno demoníaco como alguns estudiosos cristãos pode querer que seja, por se tratar de uma reunião mediúnica realizada por pessoas que não são cristãs no modo de entender desses; gostaria de enfatizar que talvez esse foi o meio que Deus encontrou para despertar em mim, o desejo de conhecer as coisas que não entendo sem procurar saber o que é, em não pré-julgar, sem analisar depois esses acontecimentos e também para procurar entender o que as pessoas sempre falam diante de algo desconhecido que aquilo era um dos mistérios de Deus.

Orar com o espírito e com a mente

O apóstolo Paulo escrevendo aos coríntios ensina: "... *se eu orar em outras línguas o meu espírito ora de fato, mas a minha mente fica infrutífera. Que farei pois? Orarei com o espírito, mas também orarei com a mente; cantarei com o espírito, mas também cantarei com a mente*" (1 Co 14.14,15).

Comentando sobre esses versículos Wiersbe relata:

> Paulo aplica o princípio do entendimento ao propósito do entendimento ao próximo locutor (1 Co 14.12-25). Lembra aos coríntios que é melhor ser uma bênção para a igreja do que experimentar algum tipo de "enlevo espiritual" pessoal.
>
> Se o cristão fala em alguma língua, seu espírito (o ser interior) pode participar, mas sua mente não compartilha essa experiência. Não é errado orar ou cantar em espírito, mas é melhor incluir a mente e entender o que estamos orando ou cantando. (É importante observar que o termo espírito, em 1 Co 14.14,15; não se refere ao Espírito Santo, mas sim ao ser interior, como em 1 Co 2.11). Para que o locutor seja edificado, deve entender o que diz (WIERSBE, 2008, pág. 803).

Nesses versículos notamos que o apóstolo Paulo não ensina que o Espírito Santo, deixando-nos em uma espécie quase transe ora em nosso lugar, porque nos versículos citado, encontramos que a ênfase nas palavras "meu espírito" e "minha mente".

Estas palavras estão de acordo com a interpretação dada por Grudem a respeito do mesmo versículo, vejamos:

> Aqui Paulo não está falando do Espírito Santo orando por nosso intermédio. O contraste entre "meu espírito" e "minha mente" no versículo 14 indica que é do próprio espírito humano de Paulo que ele está falando, do aspecto imaterial de seu ser. Quando ele usa esse dom, seu espírito fala diretamente a Deus, ainda que sua mente não precise formular palavras e frases, nem decidir por que assunto orar. Paulo vê esse tipo de oração como uma atividade que ocorre na esfera espiritual, pelo qual nosso espírito fala diretamente a Deus, mas nossa mente é de algum modo desviada, não compreendendo nossa oração (GRUDEM, 1999, pág. 912).

Estas palavras não apenas indica, mas também comprova que é o espírito da própria pessoa que ora, é que está falando, pois em conformidade com o relatado acima, o nosso espírito mesmo sem formular palavras fala diretamente a Deus.

Comentando sobre o tipo de linguagem utilizado quando falamos diretamente a Deus, Gromacki tece um valioso comentário a respeito:

... toda glossolalia, quer seja sinal da recepção do
Espírito Santo (At 2.10,19) ou o dom de línguas (1
Cor. 12-14), era na forma de idiomas conhecidos do
mundo, que poderiam ser traduzidos para a língua da
congregação. O fator ininteligível ou em sons
desconhecidos (sons que não manifestam os
componentes da estrutura conhecida de linguagem)
é completamente estranho aos registros bíblicos do
fenômeno. O moderno movimento de "línguas" é
culpado das violações frequentes e universais desse
importante regulamento (GROMACKI, 1986, pág.
200).

Assim vemos que em vários meios do pentecostalismo, a
expressão "falar em línguas" às vezes é conhecida entre os
estudiosos como "discurso extático", pois essa expressão traz
sustentação àquele movimento, a ideia de que os que falam em
línguas de certa forma perdem momentaneamente o controle de
sua fala, isto é segundo dizem algumas pessoas, falam contra a
própria vontade.

Além disso, alguns dos elementos extremos no
movimento pentecostal admitem condutas frenéticas
e desordenadas nos cultos de adoração e isso, na
mente de alguns, tem perpetuado a noção de que
falar em línguas é um tipo de discurso extático
(GRUDEM, 1999, pág. 912).

Se lermos atentamente a Bíblia, constataremos que esse
não é o entendimento apresentado nas Escrituras, pois quando o

Espírito Santo desceu (At 2), os discípulos falaram em outras línguas e Pedro pode fazer seu sermão à multidão reunida e todos entendiam o que se falava. Mais explicitamente, Paulo diz:

> *No caso de alguém falar em outra língua, que não sejam mais do que dois ou quando muito três, e isto sucessivamente, e haja quem interprete. Mas, não havendo intérprete, fique calado na igreja, falando consigo mesmo e com Deus (1 Co 14.27,28).*

Gromacki comentando sobre esses versículos apresenta o seguinte entendimento:

> Não deve haver glossolalia sem interpretação na igreja local. O moderno movimento de "línguas" tem violado consistentemente esse regulamento. Essa passagem ensina também que apenas uma pessoa (heis, não tis) deve interpretar, sem levar em conta o número de pessoas (uma, duas ou três) que falem em outras línguas. Não deveria haver interpretação por parte de dois ou três homens, mas cada um por sua vez.
> [...] Todavia, é ensinado que se uma pessoa falar em línguas e não houver interpretação, então aquele que tiver falado deve pedir em oração uma interpretação e ele mesmo deve dá-la. Esse conceito baseia-se em 14.13: "Pelo que, o que fala língua estranha, ore para que a possa interpretar". Entretanto, o contexto imediato (14.1,2) revela que todos estavam falando em outras línguas e ninguém estava interpretando (GROMACKI, 1986, pág. 198,199).

Em outras palavras, o que está sendo dito é que o apóstolo Paulo ensina que temos controle sob nossas ações, pois ele diz aos que falam em línguas devem se limitar o número máximo de três pessoas e o principal é que cada um fala a seu tempo; não atropelando e ou falando todos ao mesmo tempo, como vemos atualmente nas igrejas.

Essa exortação de Paulo, também indica claramente que as pessoas estão cientes do que acontece à sua volta e são capazes de se controlar, só falando quando chegar à sua vez, quando ninguém mais estiver falando.

Há ainda o detalhe importantíssimo de que se não houver alguém para interpretar o que está sendo dito, deve-se manter o silêncio, ou seja, ficar calado.

Todos esses fatores indicam não apenas um grau de autocontrole, mas o controle sobre seu próprio corpo e mente; então, não se sustenta a ideia de que Paulo entendesse as línguas como algum tipo de discurso extático como muitos membros de igrejas desejam que o seja.

O que aprendemos com esta passagem? O mais importante neste ensino é que se não tiver alguém que interprete ou tenha dom de interpretação, a passagem indica claramente que devemos nos calar, ou mesmo, falar conosco mesmo, ou seja, falar em pensamento. Em outras palavras, não devemos falar em línguas em um culto público ou mesmo para outras pessoas, se não houver interpretação.

Salientando que isto é uma regra e não há exceção, pois a Palavra de Deus é bem clara sobre como proceder; mas, infelizmente vemos que os cristãos hoje preferem criar e viver na exceção que os textos bíblicos não dão margem de interpretação do que seguir o que ensina a Palavra de Deus.

O problema disso é que em tem igrejas, cujos membros se exaltam e falam extaticamente, sem interpretação, muitos deles falam ao mesmo tempo e na maioria das vezes, essas pessoas alteram o volume de sua voz, ao invés de falarem para si próprios. Lembrem-se do que a Bíblia ensina que fale dois no máximo três e cada um a seu tempo.

O que descrevi acima, nada mais é do que desobedecer à orientação de Paulo e seus ensinamentos; o que implica desobedecer a própria orientação do Espírito Santo quando inspirou Paulo a escrever essa orientação. Se as Escrituras é nossa regra de fé, porque isso ainda é permitido? Por que a liderança da igreja não toma alguma providência a respeito, permitindo que o erro se torne uma prática aceitável?

O que vemos na prática é que justamente os líderes da igreja são os primeiros a incentivarem esse tipo de comportamento errado dentro das igrejas, crendo ou apontando como ser um cristão espiritual batizado pelo Espírito Santo.

Além de ser desobediência aos ensinos das Sagradas Escrituras, é também um ato de falta de amor para com os demais membros da igreja e também com aqueles que nos visitam. "Os coríntios demonstravam falta de imaturidade espiritual ao desconsiderar esse outro aspecto; então Paulo os exorta dizendo: Irmãos, não sejais meninos no juízo" (Bíblia de Estudo de Genebra)

Paulo chama o falar em línguas no culto na igreja como sinal, conforme os versículos 22 e 23 de 1 Coríntios:

> *De sorte que as línguas constituem um sinal não para os crentes, mas para os incrédulos; mas a profecia não é para os incrédulos, e sim para os que creem. Se, pois, toda a igreja se reunir no mesmo lugar, e todos se puserem a falar em outras línguas, no caso de entrarem indoutos ou incrédulos, não dirão, porventura que estais loucos?*

Por mais que Paulo alerte contra o uso de línguas sem interpretação na igreja, as igrejas hoje em dia, cometem desrespeito à Palavra de Deus, não corrigindo essas falas com a suposta argumentação que o Espírito Santo não deve ser submisso às pessoas, que deve deixar o Espírito Santo agir segundo a vontade do momento da igreja.

"Mas faça-se tudo decentemente e com ordem" (1 Co 14.40), algumas traduções está escrito *"com ordem e decência"*. Onde encontramos ordem e decência em meio à desordem e desobediência completa ao Espírito Santo? Por ventura o Espírito Santo resolveu mudar sua orientação ou está sendo criada outra igreja dentro da própria igreja de Cristo? Será que temos orientação de seguir os ensinamentos bíblicos apenas quando nos é conveniente? Quem é edificado nessa total desobediência às Escrituras, a igreja ou o próprio cristão que não segue os ensinamentos bíblicos? Qual seria o propósito de Deus em se falar extaticamente sem que qualquer outra pessoa entenda o que está sendo dito?

Antes de ler o próximo tópico, sugiro parar por um momento, reler as perguntas e responder sinceramente sem utilizar de subterfúgios e desculpas para validar o que voce crê a respeito. Contudo, quero deixar bem claro que não sou contra o falar de línguas, mas esse dom deve ser exercido quando o Espírito Santo julgar oportuno e útil à igreja.

Interpretação de línguas é edificação para a igreja

Paulo se opunha à mera repetição de certos sons ou "palavras" (como fazem também muitos glossolalistas modernos), como a própria expressão do fenômeno de glossolalia. Palavras "bem inteligíveis" (1 Co 14.9) devem ser faladas. Uma pessoa deve poder compreender ou reconhecer a fala como um idioma conhecido, portanto, capaz de tradução e explicação (1 Co 14.11) (GROMACKI, 2008, pág. 100).

Paulo escreveu: "... *quem profetiza é superior ao que fala em outras línguas, salvo se as interpretar, para que a igreja receba edificação*" (1 Co 14.5b). Traduzindo, uma vez que a mensagem em línguas seja interpretada, todos podem compreender e nesse caso, Paulo ensina que a mensagem em línguas é tão valiosa para a igreja quanto à profecia.

Paulo não nega o valor das línguas para os que as falam, mas atribui maior valor à edificação da igreja. "Quem profetiza é superior ao que fala em outras línguas" (1 Co 14.5). A menos que as línguas sejam interpretadas (1 Co 12.10,30), a mensagem não traz benefício algum para a igreja. Paulo ressalta que é preciso haver um intérprete presente antes que o dom de línguas seja exercitado (1 Co 14.28) (WIERSBE, 2008, pág. 802).

Wiersbe chama ainda a atenção que naquele tempo o Novo Testamento como nós temos nos dias de hoje, estava sendo escrito e por esse motivo, os cristãos de Corinto não podiam levar suas Bíblias como fazemos habitualmente, pois os rolos que compunham o Antigo Testamento apesar de serem caros, não estavam e não se encontravam "a disposição da maioria dos cristãos".

Por este motivo, complementa Wiersbe: "Deus falava a seu povo diretamente por meio dos profetas, e, por vezes, essa mensagem era transmitida em uma língua. Os três dons – ciência, profecia e línguas – trabalhavam juntos para transmitir a verdade às pessoas (1 Co 13.1,2,8-11)".

> Paulo enfatiza a importância do ensinamento doutrinário na igreja. Nossa adoração deve ser baseada na verdade, pois do contrário, pode transformar-se em emocionalismo supersticioso. Os cristãos precisam saber em que creem e por que creem em tais coisas. O profeta compartilhava a verdade com a igreja e, desse modo, edificava a congregação. A pessoa que falava em línguas (a menos que houvesse um intérprete) adorava a Deus, mas não edificava a igreja (WIERSBE, 2008, pág. 802).

MacArthur em comentário marginal a respeito do versículo acima, assim se expressa:

> Aqui, o plural "línguas" aparece porque Paulo está se referindo ao verdadeiro dom de línguas. Obviamente, não era esse o verdadeiro desejo de Paulo, mesmo em relação ao dom verdadeiro, desde que a própria ideia era impossível e contrária à distribuição soberana de dos dons por Deus (12.11,30). Ele estava, simplesmente, sugerindo, de modo hipotético, que, se eles persistissem em buscar por dons que não possuíam, que pelo menos buscassem aquele que fosse mais duradouro e mais valioso para a igreja. Falar em línguas somente tem propósito na igreja quando há interpretação (a palavra grega comum para tradução). Sempre que Deus concedia o dom de línguas, ele também concedia o dom da tradução, de modo que o sinal também seria edificante. O dom nunca deveria ser usado sem essa tradução (v. 28), para que a igreja fosse sempre edificada (Bíblia de Estudo MacArthur, pág. 1550).

Devemos observar aqui, que Paulo não ensina que a profecia e o falar em línguas com interpretação possuem a mesma função, mas ensina claramente que possuem igual valor na edificação da igreja, porém devemos ter em mente esta pequena regra: nem todos os cristãos falam em línguas.

Na Bíblia está escrito que nem todos os cristãos são apóstolos, profetas ou mestres, nem todos possuem dons de cura, logicamente também nem todos falam em outras línguas (1 Co 12.28-30).

Gromacki aborda o assunto:

> Isso Paulo apontou claramente: "Falam todos diversas línguas?" (12.30). A resposta esperada é negativa. Será que o Espírito Santo faria com que um crente desejasse o menor dos dons (línguas), quando Paulo disse aos Coríntios que desejassem os maiores dons (12.31; 14.1.39)? De maneira nenhuma! Deve-se lembrar que não importa o quanto uma pessoa ore ou deseje um dom, ainda é um dom e é dado soberanamente (como Ele quer). O apelo de Paulo é feito também à igreja como um todo. Eles deveriam desejar que os melhores dons fossem manifestos entre eles, e não que cada cristão que possuísse um dom desejasse outros (GROMACKI, 1986, pág. 204,205).

Complementando o ensino de Gromacki, Wiersbe ensina que "a construção gramatical do grego em 1 Coríntios 12. 29,30 exige que a resposta seja não a todas as perguntas", pois nenhum cristão possui todos os dons. "Cada cristão tem o dom (ou dons) que lhe foi designado pelo Senhor e que é necessário naquele momento" (WIERSBE, 2008, pág. 799). Sobre a diversidade dos dons descritos, ensina:

> Neste parágrafo, Paulo ressalta que há uma "lista de prioridades" para os dons, pois alguns são mais relevantes do que outros. Mas esse fato não contradiz a lição já ensinada – que cada dom é importante e cada cristão como indivíduo também é

importante. Até mesmo no corpo humano, há algumas partes sem as quais podemos sobreviver, mesmo que sua ausência acarrete em certas deficiências.

Os apóstolos e profetas surgiram primeiro, obviamente, para exercer um ministério fundacional (Ef 2.20). Os mestres eram essenciais para ajudar a firmar os cristãos na fé. Os outros dons se faziam necessários de tempos em tempos para ajudar os cristãos como indivíduos e edificar a igreja (WIERSBE, 2008, pág. 798-799).

Para finalizar esta seção enfatizamos que o dom de línguas, assim como todos os outros dons tem sempre um propósito de edificação e, não é concedido pelo Espírito Santo a todos os cristãos que o buscam porque é um dom e o Espírito Santo o distribui *"como lhe apraz, a cada um, individualmente"* (1 Co 12.11).

Gemidos inexprimíveis está relacionado como falar em línguas?

Também o Espírito, semelhantemente, nos assiste em nossa fraqueza; porque não sabemos orar como convém, mas o mesmo Espírito intercede por nós sobremaneira, com gemidos inexprimíveis. E aquele que sonda os corações sabe qual é a mente do Espírito, porque segundo a vontade de Deus é que ele intercede pelos santos (Rm 8.26,27)

John Murray faz um excelente comentário a respeito desses versículos que transcrevemos abaixo:

O espírito intercede com gemidos inexprimíveis. Qualquer que seja nossa ideia sobre esses gemidos, não podemos negligenciar ou suprimir a verdade de que o Espírito Santo é o autor desses gemidos, que são as maneiras concretas pelas quais a intercessão dele se expressa. Não basta dizer que são criados e manifestados pelo Espírito Santo; são as intercessões do espírito, e os gemidos são apenas o modo como essas intercessões são registradas nos corações dos filhos de Deus.

[...] Devemos observar que os gemidos não são expressos por meio da fala articulada. Não são rogos, petições ou súplicas elaboradas na forma de declarações inteligíveis. Apesar de possuírem conteúdo, significado e intuito, transcendem as formulações articuladas.

[...] Quando Deus sonda os corações de seus filhos, descobre gemidos inexprimíveis. Apesar de serem inarticulados, há nestes gemidos um significado e um intuito que não escapam do onisciente olho de Deus – são-lhe totalmente inteligíveis. Estão em conformidade e em harmonia com a vontade dele, embora ultrapassem nossa compreensão e capacidade de expressão, porquanto o Espírito Santo os produz e são as maneiras pelas quais as intercessões dele se expressam em nossa consciência (MURRAY, 2003, pág. 339-340).

Comentando ainda sobre os versículos de Romanos 8, o autor Hernandes Dias Lopes da qual admiro muito, nos ensina que somos vencedores não porque somos fortes, pois a ajuda que temos vem do alto e nos diz que devemos observar três fatos. O primeiro deles encontra-se na frase *"temos fraquezas"* (versículo 26).

"A verdade é que somos fracos, limitados e contingentes. Temos fraquezas físicas, emocionais, morais e espirituais" (LOPES, 2010, pág. 304). O segundo fato também explícito no versículo 26 é que *"não sabemos orar como convém"*, pois "somos fracos porque não conseguimos manter comunhão ininterrupta com o Deus onipotente. Nosso maior problema não está em nossas fraquezas, mas em nosso distanciamento daquele que é onipotente [...] Não sabemos orar como convém porque somos faltos de discernimento" (idem, pág. 305).

O terceiro fato é baseado nas seguintes palavras: *"o Espírito nos assiste em nossa fraqueza"*. O ensinamento que esse autor tira desse versículo é que "a palavra grega traduzida por 'assistir' significa mais que 'assistir'. O sentido é que o Espírito toma sobre si nossa carga não somente para nos ajudar e socorrer, mas, sobretudo para nos aliviar, carregando todo o peso por nós" (idem, pág. 306).

Sobre a intercessão do Espírito Santo, Hernandes Dias Lopes ensina que existem três características, sendo a primeira que é uma intercessão intensa; a segunda que é agônica[1]; e por último que é uma intercessão eficaz.

> O gemido é uma expressão de dor. Gememos quando não conseguimos expressar em palavras nossos sentimentos intensos. É assim que o Espírito intercede por nós, em nós, ao Deus que está sobre nós. Aquele que conhece todas as línguas, idiomas e dialetos de todos os povos, de todos os tempos, ora por nós com tal agonia que o faz com gemidos inexprimíveis. A palavra grega alale significa "sem palavras". O que Paulo, portanto, quer mostrar aqui não é que os gemidos não podem ser traduzidos em palavras, mas que de fato não há como expressá-los (DIAS, 2010, pág. 308).

---

[1] Relativo à, ou próprio da agonia – Dicionário Aurélio

Com base no que foi escrito, o entendimento que temos desses versículos é que quando o apóstolo Paulo os escreveu, ele não menciona explicitamente o falar em línguas como a maioria dos cristãos interpreta e quer que assim seja entendido. Na realidade, o apóstolo Paulo se refere a uma experiência mais geral que ocorre na vida de oração de todos os cristãos.

O censo comum entre os estudiosos com relação a isso é defendido como uma atividade intercessora em que o Espírito Santo intercede por nós, suspirando e gemendo ao Pai.

Gemidos em meu ponto de vista, pode também referir-se a suspiros intensos, inclusive de fadiga, contudo, também creio que o apóstolo Paulo não se refere a uma obra do Espírito Santo sendo realizada sem nosso conhecimento, mas apenas de suspiros ou mesmos gemidos sem pronúncia que emitimos em oração e são transformados em intercessão diante do nosso Criador.

Assim, esses suspiros ou gemidos inexprimíveis, não se expressam de forma alguma com algo que possa ser chamado de outras línguas, pois existe uma grande diferença entre emitir sons inexprimíveis e falar em línguas.

Apesar de Romanos 8.26,27 poder se referir a uma intercessão que fazemos por meio de sons que não compreendemos (sons inexprimíveis), não pode ser comparado com o que a Bíblia diz sobre o falar em línguas. Também devemos ter sempre em mente que a intercessão realizada pelo Espírito Santo não é realizada para o mundo, mas para aquele que assim se expressa, ou seja, para os santos que creem em Jesus Cristo. Dizendo isso em outras palavras e, utilizando um jargão evangélico, é para os que foram remidos e lavados pelo precioso sangue de Jesus.

É importante citar ainda que como o Espírito Santo é Deus, ele não intercederá por nós quando os propósitos não estiverem segundo à sua vontade, mesmo que voce faça diversas e diversas vezes com gemidos inexprimíveis.

Pontos bíblicos sobre falar em línguas

É interessante notar que no decorrer da história da humanidade, surgiram várias religiões e cada qual tinha o objetivo de suplantar outra religião e no mínimo complementar.

Assim, diversos grupos religiosos tentavam de alguma forma, comprovar que aquele segmento da qual pertencia, era a verdadeira religião, em detrimento da outra.

O subterfúgio da qual com frequência lançavam mão, normalmente vinha de algum tipo de sinal, milagre e na maioria das vezes, uma experiência sobrenatural como prova de autenticidade da religião.

Foi assim com os católicos romanos, que por exemplo, citam o aparecimento de Maria, a mãe de Jesus, no decorrer da história. O mesmo também acontece e se pode ver essa experiência sobrenatural com os mórmons que alegam a visita de um anjo a Joseph Smith.

Os espíritas, por sua vez, têm uma variedade de sinais e manifestações do sobrenatural, inclusive na codificação do espiritismo. Já as igrejas pentecostais e neopentecostais, têm línguas, curas, e o batismo no Espírito Santo, etc.

Certamente, há casos onde se pode afirmar que não é Deus quem realiza essas demonstrações. Devemos ficar atentos, pois muitas manifestações podem ser simuladas e dependendo da circunstância, pode ser apenas demonstração puramente humana, ou seja, demonstração ligada ao espírito humano, ou como se diz nas igrejas, obras da carne.

Através da mídia, tem-se conhecimento da existência de falsos sinais, de mentiras ou mesmo milagres que são descaradamente forjados e até mesmo atores que são contratados para interpretar determinado papel. Infelizmente, essa prática herética, não é apenas cometida por seitas ou pequenos grupos esotéricos, mas pode ser encontradas até mesmo em igrejas que se dizem evangélicas.

Um dos sinais que é facilmente forjado é o dom de línguas e como então, poderemos distinguir quais sinais são verdadeiros e quais não são?

Primeiro, os textos bíblicos advertem sobre isso (Mt 24:4; 2 Co 11:13-15; 2 Tm 3:13; Ap 13:13-14; 16:13-14) e qualquer julgamento que fizermos, deve estar sob a orientação do Espírito Santo. Também, devemos comparar o ensinamento apresentado de quem opera o sinal à luz das Sagradas Escrituras e não apenas verificar, mas julgar se a mensagem é bíblica e contudo, verdadeira que tem o aval da sã doutrina.

Segundo, com relação às línguas, a recomendação é que devemos ficar atentos a alguns pontos importantes: quem está falando em línguas? Há tradução coerente? O número de palavras faladas, ao menos se aproxima ao número de palavras interpretadas? Houve entendimento sobre o assunto? A mensagem apresentada tem respaldo bíblico? Em quais circunstâncias ocorreu o fenômeno? Qual o resultado final? Trouxe edificação para os membros? Estes são apenas alguns pontos a se observar e podemos fazer outros se assim quisermos.

A princípio, muitos poderão não aceitar esta palavra, pois normalmente costumam ter em mente que não devemos julgar. A maioria das vezes, esta é uma postura de conforto, pois se voce não julga, quer dizer que não analisa ou simplesmente se omite e, desta forma, voce está simplesmente dizendo que a pessoa deve "ficar na dela" enquanto voce "fica na sua".

Algumas pessoas se escondem por trás de ensinamentos religiosos dizendo que cada pessoa deve trilhar seu caminho e outras até encontram textos bíblicos para se justificarem. Assim, utiliza o texto de Mateus que diz: *"Não julgueis, para que não sejais julgados. Porque com o juízo com que julgardes sereis julgados, e com a medida com que tiverdes medido vos hão de medir a vós"* (Mt 7.1,2).

Como argumentação desse versículo, utilizo o ensinamento de Richard que assim se expressa:

> A palavra krino tem o sentido de "avaliar, distinguir" e também de "julgar, condenar". Aqui "não julgueis" refere-se a uma atitude crítica e cáustica com relação a outros. Por que? Jesus dá três razões poderosas.
>
> Em primeiro lugar, a maneira como tratamos os outros definirá a maneira como eles nos tratam (7.2). Em segundo lugar, estar alertas às nossas próprias faltas já é um trabalho suficiente (7.3-5). E, em terceiro lugar, se os outros não valorizam o que voce valoriza ("Nem deiteis aos porcos as vossas pérolas" [7.6]), sua condenação irá enfurecê-los ao invés de convencê-los do pecado.
>
> Temos a impressão clara de que a atitude de nos colocarmos como juízes do comportamento dos outros é não apenas errado (Tg 4.11,12), mas também contraproducente (RICHARDS, 2007, pág. 33).

Em concordância com o entendimento de Richards, Radmacher, Allen e House, escreveram:

> Essa restrição não quer dizer que um discípulo jamais possa julgar. Afinal de contas, é preciso algum tipo de julgamento para obedecer à ordem em Mateus 7.6. O ponto principal desse versículo é que o cristão não deve ter o espírito acusador, que o leva

a julgar e a condenar as pessoas (RADMACHER, ALLEN e HOUSE, 2010, pág. 30).

Mas para aqueles que ainda assim creem ou preferem se esconder atrás da omissão, cito dois versículos que é útil nesse momento:

> *Amados, não deis crédito a qualquer espírito; antes, provai os espíritos se procedem de Deus, porque muitos falsos profetas têm saído pelo mundo fora* (1 Jo 4.1).

> *Nós somos de Deus; aquele que conhece a Deus nos ouve; aquele que não é da parte de Deus não nos ouve. Nisto reconhecemos o espírito da verdade e o espírito do erro* (1 Jo 4.6).

O contexto de 1 João 4 se refere a espíritos dos mestres e não a espíritos que não possuem forma corpórea. João utiliza de maneira semelhante, a mesma estratégia utilizada pelo apóstolo Paulo em 1 Co 14.32.

Então, veremos que aqui não tem espaço para supor que seja alguma possessão demoníaca, mas o entendimento correto é que João se refere aos mestres que trazem ensinamentos incorretos e induzem os outros a permanecer no erro.

Para que não incorramos no erro e nos deixemos levar a qualquer vento de doutrina, devemos seguir um exemplo citado nas Escrituras que são os bereanos que além de ouvir a Palavra de Deus e neste ponto podemos também dizer que eles estudavam a Palavra de Deus, por esse motivo é que eles a conferiam para saber se o que estava sendo dito não diferia do que estava escrito.

O entendimento que devemos julgar está claramente citado no versículo primeiro, na palavra "provai". Dentre os diversos significados da palavra provar, o Dicionário Aurélio cita:

> Estabelecer a verdade, a realidade de; dar prova irrefutável de. Tornar evidente; demonstrar, patentear, testemunhar, justificar, comprovar. Submeter a prova; experimentar, ensaiar. Fazer conhecer; revelar, mostrar, denotar:

O que a igreja poderia interpretar como dom de falar em línguas, pode ser também uma das manifestações presentes na esquizofrenia onde pode haver a perda momentânea de se expressar pela fala, pela escrita ou pela sinalização.

Em resumo, e procurando aqui evitar o ponto de vista científico da qual não é minha área, o ponto bíblico mais importante que não deve ser negligenciado é comparar se o sinal ou até mesmo a revelação está em concordância com as

Escrituras, pois assim, o risco de sermos enganados pode ser minimizado ou mesmo nulo.

Infelizmente, muitas pessoas ao presenciarem esses acontecimentos, concluem rapidamente que eles vêm de Deus e a maioria das vezes pode ser. Precisamos perceber que ilusões podem ser criadas, truques podem nos surpreender e nos deixar sem respostas e também o inimigo pode falsificar até mesmo alguns milagres bíblicos.

É importante também salientar que o fenômeno da glossolalia pode ser resultado das faculdades humanas, que pode ser induzido através de auto-hipnose, euforia, transe, entre outros e não podendo nos esquecer de que pode ser reproduzido dentro e fora de ambientes religiosos.

Nesse sentido, as Escrituras alertam: *"E não é maravilha, porque o próprio Satanás se transfigura em anjo de luz"*. (2 Co 11.14). Mas o que o versículo aqui citado tem haver com esta seção? Tudo, pois esse versículo serve de alerta para o que vemos hoje nas igrejas.

O texto afirma que o próprio Satanás pode se disfarçar e apresentar como um anjo de luz; se ele pode fazer isso, quer dizer que seus seguidores também podem, pois a principal arma utilizada por eles é o engano.

A diferença é que essas falsificações, esses enganos, nunca poderão igualar aos milagres realizados através da misericórdia de Deus, porque, eu creio nisto, que quando Deus opera, há harmonia e Ele também fala aos nossos corações.

No entanto, para finalizar esta seção, deixo um alerta que a Bíblia de Estudo Aplicação Pessoal orienta:

> Não seja enganado pelas aparências exteriores. Nossas impressões não são um indicador preciso de quem é ou não um verdadeiro seguidor de Cristo. Deste modo, as seguintes questões podem ser úteis: (1) Os ensinamentos de tais pessoas ou líderes confirmam as Escrituras (At 17.11)? (2) O ensinador afirma e proclama que Jesus Jesus Cristo é Deus, que veio ao mundo como um homem, em carne e sangue, para salvar as pessoas de seus pecados (1 Jo 4.1-3): (3) O estilo de vida do ensinador é consistente com a moralidade bíblica (Mt 12.33-37)? (nota marginal ao versículo, pág. 1623).

Tipos de línguas

Ao lermos atentamente os acontecimentos nos dias de Pentecostes, podemos dizer que os tipos de línguas apresentadas nos relatos bíblicos, são descritos como variações dos idiomas, ou seja, são idiomas verdadeiros ou dialetos da mesma língua.

Como exemplo disso, Gromacki cita que os discípulos de Jesus falaram línguas diferentes e também dialetos da mesma língua: "os frígios e os de Panfilia, por exemplo, ambos falavam grego, porém em dialetos diferentes; os partos, medos e elamitas, todos falavam idioma pérsico, porém em formas provinciais diferentes" (GROMACKI, 2008, pág. 96).

Contudo, o mais importante é constatarmos este ensino com o que a Bíblia diz. Vejamos os tipos de línguas apresentados nas Escrituras:

> *E todos foram cheios do Espírito Santo, e começaram a falar noutras línguas, conforme o Espírito Santo lhes concedia que falassem. E em Jerusalém estavam habitando judeus, homens religiosos, de todas as nações que estão debaixo do céu. E, quando aquele som ocorreu, ajuntou-se uma multidão, e estava confusa, porque cada um os ouvia falar na sua própria língua. E todos pasmavam e se maravilhavam, dizendo uns aos outros: Pois quê! Não são galileus todos esses homens que estão*

falando? Como, pois, os ouvimos, cada um, na nossa própria língua em que somos nascidos? Partos e medos, elamitas e os que habitam na Mesopotâmia, Judéia, Capadócia, Ponto e Ásia, e Frígia e Panfília, Egito e partes da Líbia, junto a Cirene, e forasteiros romanos, tanto judeus como prosélitos, cretenses e árabes, todos nós temos ouvido em nossas próprias línguas falar das grandezas de Deus (At 2.4-11)

Chamamos a atenção a alguns versículos que apontam para os tipos de línguas:

- ✓ Versículo 4 - falar noutras línguas
- ✓ Versículo 6 - cada um ouvia falar na sua própria língua
- ✓ Versículo 8 - o ouvimos cada um na própria língua em que somos nascidos?
- ✓ Versículo 9-11 - lista das nações
- ✓ Versículo 11 - todos nós temos ouvido em nossas próprias línguas

Em 1 Co 14.2,4,5,10,11,13,21 podemos ler o seguinte:

2 Pois quem fala em outra língua não fala a homens, senão a Deus; visto que ninguém o entende, e em espírito fala mistérios.

4 O que fala em outra língua a si mesmo se edifica, mas o que profetiza edifica a igreja.

5 Eu quisera que vós todos falásseis em outras línguas, muito mais, porém, que profetizásseis; pois que quem profetiza é superior ao que fala em outras línguas, salvo se as interpretar, para que a igreja receba edificação.

10 Há, sem dúvida, muitos tipos de vozes no mundo, nenhum deles, contudo, sem sentido.

11 Se eu, pois, ignorar a significação da voz, serei estrangeiro para aquele que fala; e ele, estrangeiro para mim.

13 Pelo que, o que fala em outra língua, deve orar para que a possa interpretar.

21 Na lei está escrito: Falarei a este povo por homens de outras línguas e por lábios de nossos povos, e nem assim me ouvirão, diz o Senhor.

Nos versículos. 2, 4 e 5 pode ser traduzido a palavra "outra língua" por outro idioma, no entanto, gostaria de citar que é censo comum entre os melhores estudiosos do assunto que Paulo ao citar a palavra "outra língua" como nos versículos 2 e 4 aqui apresentados, indica que se trata da falsa língua, ou seja, o falso discurso extático pagão. Porém, acontece que no versículo de número 5, o apóstolo Paulo usa o plural "línguas", isso quer dizer que ele, neste versículo se refere ao verdadeiro dom de línguas.

No versículo 10, destacamos as palavras *"Há, sem dúvida, muitos tipos de vozes no mundo, nenhum deles, contudo, sem sentido"*. Muitos tipos de vozes, naturalmente quer dizer, muito tipo de línguas, ou seja, muito tipo de idiomas. Isto é bastante óbvio, pois ao se analisar a palavra "muitos tipos de vozes no mundo", além de concluirmos o que está escrito acima, concluiremos obviamente que o propósito de qualquer tipo de língua, é fazer comunicação entre as pessoas.

Já no versículo 11 quando Paulo diz que será estrangeiro para aquele a quem fala, pode ser entendido que nesse sentido, estrangeiro quer dizer alguém que fala uma linguagem diferente da que normalmente falamos, ou seja, fala outro idioma.

A palavra interpretar no versículo 13, quer dizer simplesmente, traduzir e no versículo 21, apesar de ser uma referência à citação de Is 28.11, é uma referência à língua assíria.

Nos dias atuais, falar em línguas nas igrejas é entendido como pronunciar um conjunto de sílabas desconexas, sem sentido e entendimento. Então, devemos formular a seguinte pergunta: Que tipo de línguas a Bíblia se refere?

Os exemplos acima citados (At 2 e 1 Co 14), demonstra claramente que a língua utilizada, nada mais era do que falas inteligíveis, compreensíveis e humana. Então, podemos concluir que as línguas da Bíblia pode sempre significar falar em idiomas compreensíveis que são entendidos por pessoas que sabiam falar aquelas línguas.

Atos 2 é o exemplo que serve de modelo do falar em línguas no Novo Testamento. Em 1 Coríntios 14, a Bíblia mostra também que essas línguas eram idiomas compreensíveis e humanas, não se tratando de discurso extático, ou algaravia pagã como alguns estudiosos preferem distinguir uma língua da outra.

Prova disto está no fato de que uma igreja, mesmo aquelas que dão extrema importância ao falar em língua extática, nunca envia um missionário sem que ele saiba a linguagem ou o idioma do povo ao qual está sendo enviado.

Isso por si só, é uma fortíssima evidência que **falar palavras extáticas não ajuda no evangelismo** (grifo do autor) e demonstra também que as línguas da Bíblia eram línguas faladas em outros idiomas.

Sendo assim, a implicação disso, leva-nos a concluir que a língua falada nas igrejas de hoje não é biblicamente correta, porque há um padrão no modo de receber: através do batismo no Espírito Santo, pela imposição das mãos dos apóstolos e edificação da própria igreja. Por edificação quero dizer instrução.

Hoje, as línguas não podem ser recebidas como foram recebidas como descritas na Bíblia pela imposição das mãos dos apóstolos (At 8; 19), porque esses já não se encontram entre nós e nada tem a ver com essas pessoas que se auto intitulam apóstolo.

Na maioria dos casos, em si tratando da descrição de Atos 2, não é um evento que se pode presenciar no dia a dia, porque esse dom foi recebido por pessoas sendo batizadas pelo Espírito Santo com objetivo específico. Digo na maioria dos casos, porque creio e Deus assim demonstrou a mim na igreja que congrego que ainda hoje; esse dom bíblico de línguas ocorreu e pode ocorrer. Salientando que após aquela data maravilhosa (pelo menos para mim), esse evento, não ocorreu novamente.

Por este motivo, dizemos que a língua falada nas igrejas em determinado momento durante o culto nos dias de hoje, em hipótese alguma pode ser considerada linguagem bíblica, mas simplesmente a pronúncia de várias palavras desconexas e alguns casos, palavras que tem a finalidade de extravasar o emocional de quem fala. Aproveito também para mencionar que pode haver exceções, pois não podemos adequar Deus dentro dos padrões humanos.

Creio que por este motivo, muitas pessoas pensam que possuem o dom de línguas descrito na Bíblia, mas a Bíblia relata que isso aconteceu apenas em três circunstâncias (sobre esse tópico, veja "O sinal de línguas ocorreu em três circunstâncias" nesta mesma obra).

Finalizando, depois dessas ocorrências, a Bíblia diz agora só existe um batismo *"Há um só corpo e um só Espírito, como também fostes chamados em uma só esperança da vossa vocação; um só Senhor, uma só fé, um só batismo"* (Ef 4.4,5), o batismo na água para remissão dos pecados (Mt 28.18-20).

As línguas na modernidade e seus propósitos

Para qualquer cristão mais atento, não precisando ser necessariamente um estudioso no assunto, para saber que existe um propósito das línguas constante na Bíblia e isso é visivelmente perceptível. Pelo que foi exposto até o momento, constatamos que o propósito de línguas nos textos neotestamentários, é diferente do propósito das línguas de hoje.

Inicialmente, isso se dá pelo fato de que nos primeiros dias de vida da igreja primitiva, quando os discípulos de Jesus saíram em campo para aplicar de modo prático e revelar as boas novas às pessoas; nenhum deles tinha condições de recorrer aos textos do Novo Testamento como hoje.

Havia diferença na pregação naqueles dias comparados aos dias de hoje, não na mensagem, pois pregamos as boas novas de Jesus Cristo, no entanto, temos uma ferramenta que eles não tinham condições de lançar mãos que era conferir a verdade do ensinamento nas páginas do Novo Testamento, porque esses textos ainda não estavam escritos.

Por não terem os textos bíblicos às mãos, Deus em sua infinita sabedoria supriu essa deficiência momentânea com algo que hoje a igreja anseia muito em ver e possuir; no entanto, aqueles valorosos personagens da igreja primitiva foram capacitados naturalmente para aquele ministério.

É justamente por este motivo que foram dados aos profetas e aos apóstolos vetero e neotestamentários, sinais especiais, tais como as línguas, para mostrar, demonstrar e comprovar que a mensagem que eles pregavam, tinha o aval de Deus.

Em hipótese alguma, isto quer dizer que as pregações de hoje não tem o aval de Deus, pois temos o Espírito Santo que testifica o que falamos, contudo, aqueles sinais dados por Deus tinham como objetivo específico de confirmar a palavra dos apóstolos e dos profetas revelando assim, o Novo Testamento que hoje temos em mãos.

> *Estes sinais hão de acompanhar aqueles que creem: em meu nome expelirão demônios; falarão novas línguas; pegarão em serpentes; e, se alguma cousa mortífera beberem, não lhes fará mal; se impuserem as mãos sobre enfermos, eles ficarão curados. De fato, o Senhor Jesus, depois de lhes ter falado, foi recebido no céu e assentou-se à destra de Deus. E eles, tendo partido, pregaram em toda a parte, cooperando com eles o Senhor e confirmando a palavra por meio de sinais, que se seguiam (Mc 16.17-20).*

> *De sorte que as línguas constituem um sinal não para os crentes, mas para os incrédulos; mas a profecia não é para os incrédulos e sim para os que creem* (1 Co 14.22).

Isto é exatamente o que aconteceu quando os apóstolos falaram em línguas, no dia de Pentecoste. A habilidade para eles falarem em outras línguas, apesar de serem galileus, provou que a nova mensagem que eles estavam revelando, provinha diretamente de Deus. Isso de certo modo quer dizer uma coisa para nós hoje em dia, é que cada vez que tem uma nova mensagem a ser revelada, o próprio Deus através do Espírito Santo, dá prova da autenticidade de seus mensageiros.

Gromacki comentando sobre a passagem de Marcos esclarece que nesta foi utilizada as palavras "glosais lalessousin kainais" traduzido como "falarão novas línguas", observando que foi utilizado o adjetivo kainos e não o sinônimo neos e sentencia: "se o falar línguas tivesse envolvido línguas desconhecidas, nunca antes faladas, então Cristo teria usado neos (novo em referência a tempo). Mas, visto que ele empregou kainos, tem que se referir a línguas estrangeiras, que eram novas àquele que as falasse, porém que já existiam antes" (GROMACKI, 2008, pág. 93,94).

Apenas para constatar o que foi mencionado por Gromacki e imitando aqui os crentes bereanos, lancei mão de um recurso chamado Dicionário do Grego do Novo Testamento a procura da palavra kainos. Na página 245 encontramos dentre outros significados para esta mesma palavra: novo, recente, ainda não usado, ainda não conhecido, coisas novas.

Com esse significado fica mais claro entendermos o que era aquele acontecimento de falar em línguas no dia de Pentecostes.

Fato análogo ocorreu quando Moisés operou sinais para mostrar que os mandamentos que Deus lhe havia revelado, realmente vinham do próprio Deus. O mesmo aconteceu com os apóstolos e profetas do primeiro século, pois eles através do Espírito de Deus operaram sinais e prodígios, incluindo aqui o falar em línguas estranhas, para demonstrar que Deus também estava revelando sua nova mensagem através deles.

Assim, podemos concluir que os propósitos das línguas da Bíblia eram diferentes do propósito das línguas nos dias atuais, porque cada qual tem um objetivo diferente. Em outras palavras, o dom de línguas foi dado com o propósito de ser um sinal (Mc 16.17) e esta interpretação, é confirmada por Paulo quando cita Isaías em 1 Coríntios 14.21,22: *"Está escrito na lei:*

Por gente de outras línguas, e por outros lábios, falarei a este povo; e ainda assim me não ouvirão, diz o Senhor. De sorte que as línguas são um sinal, não para os fiéis, mas para os infiéis; e a profecia não é sinal para os infiéis, mas para os fiéis".

A passagem de 1 Coríntios 14.21,22 citada por Paulo, tem como base o que está escrito em Isaías 28.11, onde o profeta repreende os bêbados de Efraim que não aceitaram a palavra dele e, por essa razão, Isaías lhes disse que Deus os faria ouvir através do falar do exército que estava prestes a invadir aquele território.

E isto lhes seria por sinal. Esse sinal, o falar línguas estrangeiras, é sempre apresentado pela Palavra de Deus como sendo para que judeus incrédulos viessem a crer, tanto no Antigo quanto no Novo Testamento. Pode-se verificar ainda, que em todos os registros de ocorrência do dom de línguas se encontram em Atos dos Apóstolos e era composta de judeus.

No caso da Igreja em Corinto, devemos lembrar que a natureza do falar línguas foi diferente, pois não tinha a característica de milagre, mas de um dom dado por Deus para a obra do ministério e para a edificação do corpo de Cristo, como são todos os dons (Ef 4.11,12).

Mas, se o dom de línguas foi um sinal, então a pergunta seria, foi um sinal do quê e para quem? Como já escrevemos anteriormente, foi um sinal de confirmação para os judeus no que se refere na aceitação dos gentios no plano de salvação (At 10.45,46; 11.15), isto porque apesar de alguns judeus terem crido em Jesus, não criam na possibilidade dos gentios ou não judeus, também o crerem.

Este foi o propósito dos sinais do falar em línguas estranhas, relatados no livro de Atos.

Os não propósitos do dom de línguas

Pode parecer estranho ao lermos sobre "não propósito", porém, podemos ainda, utilizar outra palavra: despropósito do dom de línguas; talvez isso sim, seria mais estranho. Portanto, como veremos, por mais estranho que possa parecer, a Bíblia Sagrada nos apresenta também os não propósitos ou despropósitos do dom de línguas. Um desses despropósitos apresentado pelas Escrituras é o meio de edificação pessoal.

Não há qualquer registro do uso pessoal do dom de línguas no Novo Testamento que ensine que devemos edificar a nós mesmos em detrimento à igreja; este é o primeiro despropósito.

O ensinamento existente é que devemos edificar a igreja e não a nós mesmos: 1 Co 14.4a: *"O que fala em língua desconhecida edifica-se a si mesmo"*.

A referência do apóstolo Paulo ao fato daquele que fala em língua desconhecida e edifica a si mesmo, mas não à igreja, pode ser interpretada corretamente como uma repreensão àqueles que assim procedem.

Enfatizamos mais uma vez que os dons são unicamente para a edificação do corpo de Cristo como um todo, à igreja como um todo, e não para uso egoísta e individual da pessoa ou ainda, como uma pseudo demonstração de estar na unção de Deus.

> *Aquele que desceu é também o mesmo que subiu acima de todos os céus, para cumprir todas as coisas. E ele mesmo deu uns para apóstolos, e outros para profetas, e outros para evangelistas, e outros para pastores e doutores, querendo o aperfeiçoamento dos santos, para a obra do ministério, para edificação do corpo de Cristo* (Ef 4.10-12).

Neste aspecto podemos perceber que o apóstolo Paulo trata da unidade da igreja, pois podemos concluir corretamente que os dons são dados para unir e edificar a igreja para que sirvam a Deus e aos demais irmãos de modo que Jesus e o próprio Deus sejam glorificados e os irmãos em Cristo, edificados.

Lopes comentando sobre os dons concedidos nos mostra que esses "dons concedidos por Cristo para a igreja têm objetivos claros":

Aperfeiçoamento dos santos (4.12). *"Tendo em vista o aperfeiçoamento dos santos"*. Não encontramos em nenhuma outra passagem do Novo Testamento a palavra grega katartismos, "aperfeiçoamento", embora o verbo correspondente seja usado no sentido de consertar redes (Mc 1.19). [...] A palavra pode ter o sentido de "aperfeiçoar" o que está deficiente na fé dos cristãos e dá a ideia de levar os santos a se tornarem aptos para o desempenho de suas funções no corpo, sem deixar implícita a restauração de um estado desordenado.

O desempenho do serviço (4.12b). *"Para a obra do ministério"*. A função principal dos pastores e mestres não é fazer a obra, mas treinar os crentes para fazer a obra. A palavra grega diakonia, "serviço", é usada aqui não para descrever a obra de pastores, mas, sim, a obra do chamado laicato, ou seja, de todo o povo de Deus, sem exceção. Aqui temos evidência indiscutível de como o Novo Testamento vê o ministério: não como prerrogativa de uma elite clerical, mas, sim, como a vocação privilegiada de todo o povo de Deus [...]

A edificação do corpo de Cristo (4.12c). *"Para a edificação do corpo de Cristo"*. A finalidade do exercício dos dons é a edificação da igreja (LOPES, 2009, pág. 110-111).

Neste ponto de vista apresentado por Lopes, concordo plenamente, principalmente quanto à edificação do corpo de Cristo, pois os dons nos foram dados para utilizarmos em benefício, crescimento, edificação da igreja e também para servir seus membros, não para o uso egoísta.

Outro despropósito que se pode observar em relação ao dom de línguas, está no fato de haver muitas pessoas que em sua concepção até mesmo doutrinária, ainda menciona ou apresenta como explicação que o falar em línguas se deu como meio de facilitar a pregação do evangelho. Porém, em parte alguma das Sagradas Escrituras isso é ao menos insinuado em todo Novo Testamento.

Em 1 Coríntios 14.26-40 encontramos regras específicas e outras gerais para o uso das línguas da Bíblia. Quase todas estas regras que deveriam ser observadas, para não dizer obedecidas concernente ao uso do dom de línguas, são insistentemente e descaradamente violadas, por parte daqueles que mais defendem o falar em línguas.

E é exatamente por este motivo que considero a maioria das manifestações de línguas dentro das igrejas, não um dom bíblico. Chego às vezes pensar que aqueles que defendem ferrenhamente esse dom, estão caindo em descrédito, pois são facilmente refutados por não seguir no mínimo essas normas contidas nos versículos acima citados; partindo daqui, no pressuposto que a Bíblia seja para eles a Palavra de Deus e que os escritores que Ele utilizou, são pessoas inspiradas pelo

Espírito Santo e estavam expressando pela escrita, aquilo que Deus queria nos dizer.

Nos versículos de número 27 e 28 está escrito: *"No caso de alguém falar em outra língua, que não sejam mais do que dois ou quando muito três, e isto sucessivamente, e haja quem interprete. Mas, não havendo intérprete, fique calado na igreja"*.

O que vemos atualmente dentro de nossas igrejas, é o total descumprimento a esta orientação da Palavra de Deus em relação a regras para o uso desse dom.

Por falta da leitura da Bíblia com sua correta interpretação, ou mesmo querendo enfatizar um dom, a liderança da igreja deixa de ensinar aos seus adeptos essas regras específicas, pois ao invés de limitar o número dos que falam em línguas a duas ou três pessoas conforme é ensinado pela Bíblia Sagrada; as igrejas de hoje acham que é espiritual, "vibram" e incentivam a falar ao mesmo tempo, no mesmo culto e sem a devida tradução.

A Bíblia, enfatizo, orienta em falar um de cada vez, limitando-se no número máximo de três e com tradução. Não havendo tradução, o versículo de número 28 de 1 Coríntios 14 deixa bem claro qual deve ser a atitude a ser tomada: deve-se ficar calado ou falar para si mesmo.

Pastores pentecostais, neopentecostais, até mesmo os batistas e outros que procuram seguir essa linha, violam descaradamente este princípio bíblico, pois querem que muitos falem simultaneamente em outra língua.

Isso, apesar de ser antibíblico, gera confusão na cabeça de quem quer seguir os ensinamentos de Deus corretamente e também perturba aqueles que preferem fazer suas orações silenciosamente, pois a mistura de muitas vozes e algumas exaltadas chegando à beira do histerismo; acaba de certa forma, tirando a atenção de seus pensamentos, pois a maioria das vezes, seus pensamentos "falam" mais baixo.

Ao invés de se falar em línguas somente quando tiver presente um tradutor ou tradução, os membros das igrejas atualmente falam em línguas indistintamente quer haja um intérprete ou não, julgando-se que estão no mover do Espírito como é dito. Esse jargão acaba sendo uma brincadeira, porque é como se eles culpassem o Espírito Santo por aquele reboliço desenfreado, não manifestação real do mover do Espírito Santo.

Afinal de contas, se todos confessamos que temos a Bíblia como nossa regra de fé, que ela é inspirada por Deus e as instruções contidas na mesma é verdadeiro, deixada por um Deus puro como orientação e deve ser seguido; por que então essa regra especificamente sobre o exercício do dom de línguas não é obedecida? Isso não seria uma violação clara à Palavra de Deus?

O falar em língua extática nos dias de hoje, é praticamente comum em diversas igrejas. Vemos esse fenômeno até em igrejas unitaristas e mesmo na igreja católica romana, muitos carismáticos falam em língua extática.

Seria isso um sinal que o Espírito Santo está nos dando? Acredito firmemente que não, pois se o Espírito Santo estivesse envolvido na questão, as igrejas funcionariam como um só corpo e suas doutrinas e práticas não iriam contradizer a Bíblia e nem umas às outras.

Por este motivo, pela falta de conhecimento bíblico e falta de obediência da própria igreja à Palavra de Deus, é que atualmente os propósitos das línguas existentes nas igrejas, são mais demonstração de emoção do que de edificação.

Como relatei, em muitos cultos onde se fala em língua extática, pode-se notar claramente que não há ordem alguma na utilização desse dom e nem é preciso ter conhecimento teológico para chegar a essa conclusão.

Existe uma grande diferença entre as regras que o apóstolo Paulo deixou para as igrejas e o que é praticado hoje dentro das igrejas. Qual é o motivo dessa diferença? Por que isso acontece se os dons são dados pelo mesmo Espírito, o Espírito Santo? Por que no mínimo, as igrejas não procuram seguir as mesmas regras contidas nesses versículos?

Para essas igrejas que falam em língua extática sem interpretação, independente da denominação da mesma, digo abertamente que elas estão desrespeitando a Bíblia no uso desse dom.

Esse desrespeito poderia ser considerado como um louvor a Deus? De modo algum, pois o que se vê hoje é mais uma descarga emocional do que louvor ao nosso Criador. Talvez seja esse o motivo por algumas pessoas me taxarem como incrédulo e alguns até dizem: incrédulo com todas as letras.

É lamentável, pois como escrevi, o que a Bíblia diz a respeito, está acima de qualquer ensinamento ou doutrina que uma igreja possa ter; e para finalizar, digo mais uma vez que os versículos 27 e 28 de 1 Coríntios 14 expressa regras definitivas para o uso do dom de línguas: 1) falar dois no máximo três; 2) falar sucessivamente, cada um a seu tempo; 3) haver interpretação para edificação da igreja.

Sem estas três condições básicas citadas sou de opinião que não se deve exercer o dom de línguas, pois é uma violação bíblica e irracional de nossa parte pensar que estamos agradando a Deus. Alguns dizem que costumo defender algumas questões com unhas e dentes; no entanto, isso é apenas um pequeno zelo pela Palavra de Deus.

Instruções práticas para falar em línguas

O apóstolo Paulo demonstrou que o falar em línguas deve seguir regras específicas e determinadas como escrito no capítulo anterior, porém, veremos aqui outras regras que se aplicam ao falar em línguas.

A primeira regra, é que nem todos falam em línguas como alguns líderes e igrejas querem e este dom nos é dado pelo Espírito Santo, não pode dado pela liderança ou mesmo igreja (veja 1 Co 12.8-11, 29,30).

Consequentemente, isso implica em outra regra: o ensino de que devemos buscar o falar em línguas, é herético e sem qualquer base bíblica. De nada vale voce buscar esse dom, porque é dom, lembrando que uma definição de dom é presente, dádiva; assim sendo, é o Espírito Santo que decide dar a quem ele quer (1 Co 12.18).

Outra regra básica é que o dom de línguas é um dom de pouca importância, é uma atividade secundária e não primária como costuma ser exposto nas igrejas. A Palavra de Deus nos exorta a procurar os melhores dons e o falar em línguas não se aplica a esse caso. Não é à toa que o apóstolo Paulo o relaciona como os últimos dons.

Para o dom de línguas ter utilidade dentro da igreja, é preciso que seja para a edificação de todos e não apenas daquele que fala: *"que fazer, pois, irmãos? Quando vos reunis, um tem salmos, outro doutrina, este traz revelação, aquele, outra língua, e ainda outro, interpretação. Seja tudo feito para edificação"* (1 Co 14.26).

Outra instrução prática para o falar de línguas, já citado diversas vezes neste estudo; é a necessidade obrigatória e inquestionável de ser acompanhado com a interpretação, ou seja, tem de haver tradução do que é dito, ou mesmo tem de haver um intérprete: (1 Co 14.27).

Essa instrução não pode de forma alguma ser negligenciada ou descumprida. E como a interpretação deve trazer edificação para a igreja, então, deve haver ordem quando se pretende falar de línguas.

O fato é que o Espírito Santo nunca irá te possuir para que voce fale desenfreadamente. O Espírito Santo é Deus, não um espírito maligno para possuir alguém.

Então, em cada culto podem falar somente dois, no máximo três falando em línguas e mesmo assim, um falando depois do outro. Não há atropelamento de falas, somente após um parar de falar é que o outro começa a falar, nunca dois falaram ao mesmo tempo (1 Co 14.27).

Em 1 Co 14.28 enfatiza a presença do intérprete, caso contrário não se fala em línguas. Se este for o caso que estiver acontecendo com voce naquele momento, fale em pensamento ou para si mesmo, de forma que quem estiver ao seu lado, não ouça o que está sendo dito. Isto é correto biblicamente.

Somente um pode falar por vez para não haver confusão: (1 Co 14.27). Esta instrução se repete alguns versículos depois: *"Se, porém, vier revelação a outrem que esteja assentado, cale-se o primeiro"* (1 Co 14.30); *"porque Deus não é de confusão, e sim de paz"* (14.33), para reinar com ordem e decência (1 Co 14.40). A chave principal da correta utilização do dom de línguas está no versículo 33 onde diz que Deus não é Deus de confusão.

Gálatas 1.8: *"Mas, ainda que nós mesmos ou um anjo do céu vos anuncie outro evangelho além do que já vos tenho anunciado, seja anátema"*.

O sinal de línguas ocorreu em três circunstâncias

Mas recebereis a virtude do Espírito Santo, que há de vir sobre vós; e ser-me-eis testemunhas, tanto em Jerusalém como em toda a Judéia e Samaria, e até aos confins da terra. (At 1.8)

Onde podemos comprovar que o cumprimento do versículo acima se cumpriu. As Escrituras citam as cidades de Jerusalém, Judéia, Samaria e até os confins da terra e todas essas três circunstâncias se cumpriram ainda naquela época e estão descritas no livro de Atos.

Essa afirmação é validada por Marshall quando esse estudioso cita que: "promessa esta que primariamente se cumpriu no Pentecoste" (MARSHALL, 2007, pág. 61).

Lopes comentando o versículo acima, nos leva a refletir sobre outro aspecto e pergunta: para que os discípulos precisariam receber poder (virtude) do Espírito Santo? Sobre essa ótica, o autor nos diz que é para eles saírem "do campo da especulação para o terreno da ação", pois eles estavam perdendo o foco. O segundo ponto de vista é para eles perdoarem; para que "as antigas barreiras raciais, culturais e religiosas que os separavam dos samaritanos deveriam ser quebradas", pois "o poder do Espírito capacita a igreja a amar até mesmo seus inimigos".

Terceiro ponto de vista: "para pregar até aos confins da terra", porque "o projeto de Deus é o evangelho todo para toda a igreja, em todo o mundo", por último, para morrer porque "a palavra testemunha significa mártir" e devido ao fato dos discípulos haverem "presenciado um fato glorioso, a ressurreição de Cristo, e essa notícia da exaltação de Jesus deveria ser anunciada até aos confins da terra, ainda que para isso, a morte fosse o preço a ser pago" (LOPES, 2012, pág. 38-39).

Vejamos agora o cumprimento do versículo 8, nas três circunstâncias, ou seja em Jerusalém, Judéia e Samaria e nos confins da terra.

Em Jerusalém - Atos 2.1-4 está escrito: *"E, cumprindo-se o dia de Pentecostes, estavam todos concordemente no mesmo lugar; e de repente veio do céu um som, como de um vento veemente e impetuoso, e encheu toda a casa em que estavam assentados. E foram vistas por eles línguas repartidas, como que de fogo, as quais pousaram sobre cada um deles. E todos foram cheios do Espírito Santo, e começaram a falar noutras línguas, conforme o Espírito Santo lhes concedia que falassem"*.

Na Judéia e em Samaria (aqui se referindo a Cesareia) - Atos 10.44-46: "*E, dizendo Pedro ainda estas palavras, caiu o Espírito Santo sobre todos os que ouviam a palavra. E os fiéis que eram da circuncisão, todos quantos tinham vindo com Pedro, maravilharam-se de que o dom do Espírito Santo se derramasse também sobre os gentios. Porque os ouviam falar línguas, e magnificar a Deus*".

Confins da Terra (aqui se referindo a Éfeso) - Atos 19.1-6 "*E sucedeu que, enquanto Apolo estava em Corinto, Paulo, tendo passado por todas as regiões superiores, chegou a Éfeso; e achando ali alguns discípulos, disse-lhes: Recebestes vós já o Espírito Santo quando crestes? E eles disseram-lhe: Nós nem ainda ouvimos que haja Espírito Santo. Perguntou-lhes, então: Em que sois batizados então? E eles disseram: No batismo de João. Mas Paulo disse: Certamente João batizou com o batismo do arrependimento, dizendo ao povo que cresse no que após ele havia de vir, isto é, em Jesus Cristo. E os que ouviram foram batizados em nome do Senhor Jesus. E, impondo-lhes Paulo as mãos, veio sobre eles o Espírito Santo; e falavam línguas, e profetizavam*".

Devemos nos lembrar que o sinal de línguas sempre foi um sinal para os judeus que não criam no derramamento do

Espírito Santo de Deus sobre os próprios judeus e, também não criam que o derramamento do Espírito Santo pudesse ser para os gentios, mas exclusivamente aos judeus.

O versículo 45 de Atos 10 nos mostra este fato: *"E os fiéis que eram da circuncisão, todos quantos tinham vindo com Pedro, maravilharam-se de que o dom do Espírito Santo se derramasse também sobre os gentios"*.

Após estas três ocorrências, não é possível encontrar na história qualquer referência ao falar línguas como um sinal de Deus para o seu povo; até surgir outra referência ao falar línguas no Novo Testamento, durante o período de desordem que ocorreu na igreja de Corinto (1 Co 12-14). O apóstolo Paulo a fez retornar à ordem e à decência, quando escreveu sua primeira carta endereçada a ela.

Após o período da era apostólica, ou seja, com a morte do último apóstolo na ilha de Patmos, o apóstolo João, o fenômeno de glossolalia bíblica cessou. Porém, há aqueles de defendem sem qualquer embasamento histórico, dizendo que esse fenômeno, o falar de línguas, sobreviveu através de indivíduos isolados e até mesmo desconhecidos ou então, em reavivamento de alguns grupos distintos.

Sabemos pela história que após a morte do apóstolo João, o fenômeno de falar em línguas conforme o livro de Atos, não se manifestou, contudo, pessoas que defendem a sobrevivência da glossolalia ou dom de línguas, alegam que quando houve o avivamento ou reavivamento para outros, o fenômeno de glossolalia se manifestou e tem ganhado proporções nos dias de hoje.

Convenhamos que a simples menção de que nos grupos de avivamento ou reavivamento do século dezenove e princípio do século vinte, o fenômeno de glossolalia se manifestou, tem ganhado proporções, já é em si, uma forte afirmação que o fenômeno de glossolalia, realmente cessou com a morte do apóstolo João.

Quem pode garantir que o fenômeno manifestado na era apostólica é o mesmo dos dias atuais? Basear-se em testemunho de experiência espiritual deve ser considerado suspeito e às vezes despido de veracidade bíblica.

Devemos deixar que a Bíblia fale e experiência alguma, mesmo revelação (que neste caso chamo de relevamento, no sentido mais crítico e depreciativo possível) profecia (profetada) e visão (visagem) poderá estar acima dos escritos bíblicos.

> Na era pós-apostólica (100-600 d.C.) cessou a glossolalia como atividade normal dos crentes. Justino Mártir, Irineu, Orígenes, Crisóstomo e Agostinho, todos testificaram esse fato. As únicas ocorrências do fenômeno se deram entre os montanistas (Montano e possivelmente Tertuliano) e num monge ascético, Pacômio. As posições heréticas desses homens argumentariam contra a genuidade da glossolalia bíblica entre eles (GROMACK, 2008, pág. 51-52)

Enfim, devemos ver o fenômeno de falar em línguas como um sinal para a época apostólica e não para os dias de hoje. Também devemos nos lembrar que não há registro de Jesus ou qualquer um de seus discípulos falando em línguas antes da crucificação, conforme nos lembra Gromacki: "esses sinais não poderiam incluir a glossolalia, porque nem Cristo, nem seus apóstolos falaram em línguas estranhas enquanto Ele estava no mundo" (pág. 32).

O que é falar em línguas conforme a Palavra de Deus

Para demonstrar sobre o que é falar em línguas conforme a Palavra de Deus, devemos nos perguntar: o que era falar em línguas estranhas conforme a Palavra de Deus? Seriam por acaso, falar um idioma estrangeiro ou uma fala extática como vemos nas igrejas hoje?

A opinião dominante é que as línguas estranhas faladas, relatadas nos textos neotestamentário era a capacidade sobrenatural dada pelo Espírito Santo de falar um idioma estrangeiro sem o prévio estudo ou conhecimento desse idioma. Assim sendo, não se trata de fala desconexa, sem compreensão, mas de uma língua estrangeira, falada por povos de outras culturas pertencentes a outros países.

Seria, por exemplo, aqui no Brasil falamos o português, mas o Espírito Santo nos capacitaria a falar em esperanto, alemão, russo, mandarim, árabe, egípcio, espanhol, japonês, turco, francês, italiano, polonês, ucraniano, romeno e assim por diante, sem que tivéssemos estudado qualquer uma dessas línguas.

Gromacki escreveu que esta é também a posição mantida por não glossolalistas como Barnes, Henry, Ironside, Lange, Lenski, Rice e outros. Citando ainda a posição de um advogado que defende a glossolalia (Harold Horton):

> Então se espalha a ideia de que 'línguas' são uma espécie de 'palavras sem sentido', incoerente e ininteligíveis, uma série de sons glosais ininterpretáveis. Não! 'Línguas' eram e são idiomas. Na maior parte são desconhecidos aos ouvintes, e sempre aos que as falam. Mas às vezes poderiam ser conhecidas aos ouvintes, como no Pentecostes, onde as línguas eram desconhecidas, ao serem faladas, e conhecidas, ao serem ouvidas (GROMACKI, 2008, pág. 88-89).

A Palavra de Deus nos apresenta que o falar em língua, está sempre relacionado a um idioma inteligível compreendido por nós seres humanos; sendo esta também a opinião predominante de linguistas e estudiosos bíblicos, pois um estudo mais minucioso das palavras com seus significados tem revelado que esta é a melhor aplicação.

No entanto, há alguém que ainda relacione o fenômeno de glossolalia do livro de Atos e a fala extática da carta aos Coríntios. Isto é um equívoco que devemos a todo custo evitar.

A descida do Espírito Santo no dia de Pentecostes, por exemplo, resultou na transmissão compreensível da mensagem do evangelho nas línguas nativas daquelas pessoas que comemoravam a páscoa naquela cidade, pois elas pararam para ouvir o que eles estavam dizendo (veja Atos 2.1-11).

Paulo, porém, ao repreender os coríntios sobre a necessidade de ordem no culto, disse que os indoutos – os cristãos sem estudo – não entenderiam os que falavam em línguas (1 Co 14.16, 23). Isto é prova de que, nesse caso, os doutos, ou seja, os cristão que tem conhecimento e certa cultura, poderia entender o que estava sendo dito.

Isto quer dizer também que os coríntios falavam um idioma inteligível pelo menos para aqueles que tivessem cultura suficiente ou fosse poliglota e teriam a capacidade de entender o que estava sendo dito.

Uma analogia específica para esse caso, seria como fôssemos participar de uma convenção médica, cujos participantes seriam apenas médicos renomados com conhecimento profundo sobre o assunto a ser discutido e nós que não temos qualquer conhecimento na área médica. Nós ouviríamos o que estava sendo dito, porém não entenderíamos.

Só para ter ideia sobre o que era a igreja de Corinto, o autor Geo W. MacDaniel escreveu:

> Muitos de seus membros provieram daquela classe de judeus orgulhosos, outros dos gregos cultos; uns eram livres, outros escravos. Alguns pertenciam à alta sociedade, porém a maioria era do povo humilde (MACDANIEL, 1989, pág. 119).

Também em 1 Coríntios 14.18, Paulo afirma explicitamente que falava mais línguas que os coríntios. Isso tem gerado distorções na interpretação da palavra, pois muitos afirmam que ele referia à língua estranha extática, sendo que ele pretendia dizer apenas que falava outras línguas como o hebraico, aramaico, grego, latim, e possivelmente ainda outras línguas mais, como o copta.

Reforçando mais uma vez segundo o testemunho da Palavra de Deus, o falar línguas é um sinal sobrenatural de falar línguas e dialetos humanos, existentes, compreensíveis e inteligíveis, sem que tenham sido previamente estudados.

Ou ainda, como ocorreu na igreja de Corinto onde percebemos a capacidade e a facilidade para falar em várias outras línguas ou como alguns gostam de dizer, onde havia diversidade de línguas.

É importante esclarecer que a palavra usada pelo apóstolo Paulo em sua carta quando se referiu ao falar línguas é a palavra glossa. Essa palavra segundo o Dicionário do Grego do Novo Testamento, página 110, tem dois significados distintos: o primeiro significado trata língua como um membro do corpo e no segundo caso, língua é uma linguagem, idioma ou dialeto de um povo de outras nações.

Em outras palavras, podemos dizer que a palavra grega glossa no contexto em que foi utilizado pelo apóstolo Paulo tem um único significado: uma língua estrangeira, ou o idioma de um povo de outra nacionalidade, conforme podemos constatar na versão grega do referido versículo (Novo Testamento Interlinear – Grego português, 2009, pág. 652).

Assim, fica entendido que o falar línguas estrangeiras em Corinto também era línguas de outros povos distintos daqueles que lá habitavam.

A palavra grega glossa acha-se cinquenta vezes no Novo Testamento, com usos vários. É usada quinze vezes referindo-se ao órgão físico do corpo, usado para se falar (MC 7.33,35; Lc 1.64; At 2.26; Rm 3.13; 14.11; I Co 14.9; Fl 2.11; Tg 1.26; 3.5,6 (duas vezes), 8; 1 Pe 3.10; Ap 16.10). É usada uma vez com referência à língua do corpo intermediário (Lc 16.24). É empregada uma vez figurativamente:

"umas línguas como de fogo que se distribuíam" (At 2.3). Uma vez é usada para se referir ao conteúdo das palavras, em se falando, em contraste com as obras de uma ação (1 Jo 3.18; ou talvez seja esta mais uma referência ao órgão físico). No Apocalipse, é usada sete vezes em conexão com "tribo, e língua, e povo, e nação", e multidões para descrever grupos étnicos que se caracterizam por falar certas línguas estrangeiras (5.9; 7.9; 10.11; 11.9; 13.7; 14.6; 17.5). Emprega-se a palavra vinte e cinco vezes para o fenômeno atual de glossolalia (Mc 16.17; At 2.4-11; 10.46; 19.6; 1 Co 12.10 (duas vezes), 28, 30, 13.1,8; 14.2. 4, 5 (duas vezes), 6. 13. 14. 18, 19, 22, 23, 26, 27, 29) (GROMACKI, 2008, pág. 90,91).

Pela análise minuciosa realizada com a palavra glossa em todo o Novo Testamento apresentada por Gromacki, vemos que em nenhuma delas, o falar extático, desconexo e sem sentido que vemos nas igrejas hoje, poderá ao menos se encaixar.

Há também o fato de que alguns estudiosos entendem o que diziam e isso é outra indicação de que as línguas faladas em Corinto eram línguas inteligíveis, ou seja, línguas estrangeiras e não fala extática.

Esta é a característica do falar línguas conforme a Palavra de Deus: falar uma língua estrangeira seja por ação divina sem o estudo prévio dessa língua, como foi descrito em

Atos 2, ou pelo dom dado por Deus, com facilidade de se falar várias línguas, como ocorreu com o apóstolo Paulo (1 Co 14.18).

> O mero fato de que glossa se usa, muitas vezes, para designar o órgão da fala, o conteúdo das línguas e os grupos denotados por línguas conhecidas deve ser um fator determinante em fixar o significado do termo, quando usado quanto ao fenômeno de glossolalia (GROMACKI, 2008, pág. 94).

Pelo exposto, o falar em línguas descrito pelos textos em 1 Coríntios não é o falar (como alguns gostam de afirmar) uma língua celestial, ou de anjos, ou qualquer outro tipo de língua que não seja o falar um idioma humano existente e inteligível.

O falar de línguas moderno

Várias denominações protestantes e alguns do meio carismático considera o falar em línguas descrito pela Palavra de Deus, ser uma fala em que a pessoa não tem pleno controle do que acontece consigo mesma, ou seja, a pessoa começa a falar, a falar e a falar sem saber o que vai falar logo em seguida. É mais ou menos parecido como os espíritas dizem acontecer; a pessoa entra em uma espécie de transe leve e perde parcialmente ou dependendo totalmente a soberania sobre suas vontades e atitudes naquele momento.

Essa é uma das características que deve diferenciar o cristão dos espíritas, pois o verdadeiro cristão tem o domínio sobre suas faculdades e ação. Se algo acontece que tira a pessoa do seu estado de autocontrole, de consciência dos eventos à sua volta e o domina completamente, isso não pode ser atribuído ao Espírito Santo, mas, a outros fatores externos que estão afetando o pleno domínio das faculdades dessa pessoa.

Isso de forma alguma é obra do Espírito Santo ou em outras palavras, é possessão e sabemos que o Espírito Santo não domina ninguém e nem a violenta, ele inspira a pessoa e essa não age como um autômato como algumas declarações que tenho ouvido.

Na Bíblia encontramos ocasiões onde somos exortados a ter esse autocontrole, porém é utilizada uma palavra que denota esta realidade: "sóbrio": *"Mas nós, que somos do dia, sejamos sóbrios, vestindo-nos da couraça da fé e do amor, e tendo por capacete a esperança da salvação"* (1 Ts 5.8).

"Portanto, cingindo os lombos do vosso entendimento, sede sóbrios, e esperai inteiramente na graça que se vos ofereceu na revelação de Jesus Cristo" (1 Pe 1.13).

Antes de comentar sobre as passagens acima citadas, torna-se necessário ter em mente o significado da palavra sóbrio. O Dicionário Aurélio apresenta: "Moderado no comer e/ou no beber, que não está sob o efeito de bebidas alcoólicas, parco, frugal, simples".

Além desses significados, podemos encontrar na Grande Enciclopédia Larrousse Cultural outros significados tais como: "marcado por temperança, equilíbrio, moderado e ou seriedade; contido nas emoções e caprichos; despojado de exibições de poder, cultura, inteligência; de caráter ou comportamento sereno, discreto, recatado; destituído de floreios e ornamentos desnecessários" (1998, pág. 5431).

Estas são definições populares que encontramos sobre o significado de sóbrio; no entanto, devemos ainda verificar o significado apresentado na área religiosa e ou teológica. Assim sendo, em consulta ao Dicionário Bíblico Wycliffe encontramos a seguinte redação:

> A palavra grega nepho, com suas derivadas, significa ser livre da embriaguez e de todas as formas de excesso; consequentemente, ser calmo, moderado, sereno, ter autocontrole e ser tranquilo no pensamento e nas ações (1 Ts 5.6,8; 1 Tm 3.2,11; 2 Tm 4.5; Tt 1.8; 2.2; 1 Pe 1.13; 4.7; 5.8). (PFEIFFER; VOZ; REA, 2009, pág. 1845).

Em complemento a este ensino que enquadra exatamente às passagens citadas, vemos também o significado da palavra sobriedade:

> A palavra grega sophroneo, com suas derivadas, significa estar em seu juízo perfeito, ser razoável ou sensato, agir prudente ou cuidadosamente (Mc 5.15; 1 Tm 3.2; Tt 1.8; 2.2,12; 1 Pe 4.7). É a antítese de existeme, "estar fora de si" (2 Co 5.13); portanto significa exercer autocontrole não se entregando a paixões desenfreadas (Tt 2.6) nem ao orgulho (Rm 12.3). Sua forma nominal, sophrosyne, "sobriedade" (1 Tm 2.9,15) tem o sentido de moderação, e consequentemente modéstia e castidade (cf. Tt 2.5). (PFEIFFER; VOZ; REA, 2009, pág. 1845).

Apenas por essas definições, vemos que há total incompatibilidade entre a ordem bíblica de ser sóbrio e as ações que privam a pessoa de seu autodomínio, de seu controle pessoal. Não há como estar em transe mesmo que leve, como alguns dizem e ser fiel à Palavra de Deus ao mesmo tempo.

Hernandes Dias Lopes comentando sobre o que é ser sóbrio em 1 Pedro, ensina que "ser sóbrio é estar no pleno domínio de sua capacidade racional" (LOPES, 2012, pág. 47). No entanto, MacArthur acrescenta: "a sobriedade mental e espiritual inclui conceitos como estabilidade, domínio próprio, clareza e determinação moral. O cristão sóbrio é responsável de modo correto por suas prioridades e não se deixa embriagar pelas várias distrações do mundo" (nota marginal ao versículo, pág. 1730).

Gromacki fazendo uma avaliação do movimento moderno de línguas chega a uma conclusão bastante interessante e até mesmo assustador para alguns:

> Divina? Satânica? Psicológica? Artificial? Todas essas alternativas foram sugeridas como uma avaliação própria da fonte ou da origem do moderno fenômeno de "glossolalia". As opiniões não se limitam necessariamente a apenas uma alternativa; alguns creem que a glossolalia pode ser atribuída a

duas ou mais dessas fontes (GROMACKI, 2008, pág. 74).

Esse estudioso salienta que o fenômeno de glossolalia tem acontecido, porém "o que se contesta é a fonte da experiência", tendo em vista que se admite "que o fenômeno pode provir de uma ou mais fontes" (idem, pág. 74-75).

É pertinente essa avaliação, pois sabemos através das Escrituras (2 Ts 2.9) que Satanás poderá repetir os milagres de Jesus por meio do poder maligno *"com todo o poder, e sinais e prodígios de mentira"*.

Já ouvi não apenas na igreja que congrego, mas também em outras visitadas, respostas daqueles que apresentam o dom de línguas, relatarem que era como se eles flutuassem e ficassem fora de seu corpo e estavam no céu. Outros dizem como que estivessem dominados por um poder e dizem que começam a falar e não conseguem parar de falar, até a hora que Deus permita que parem de falar.

Com apenas esses testemunhos é o suficiente para descaracterizar a glossolalia como obra do Espírito Santo. Os que praticam o falar sem o controle de sua língua e entendimento, afirmam que este falar não se dá em uma linguagem humana, mas segundo eles deve ser em uma espécie de linguagem divina ou de anjos.

O mais interesse que eu percebo nessas manifestações é que quase todas as vezes que tenho presenciado esses acontecimentos, praticamente quase todas utilizam um vocábulo paupérrimo, ou seja, com pouquíssimas palavras e quase sempre são meras repetições de algumas palavras (se podemos chamar assim) já ditas.

Digo praticamente quase todas às vezes, porque desde que comecei a observar mais atentamente o que acontecia dentro da igreja, apenas uma única vez, no Culto de Missões é que presenciei um falar em línguas bíblico. O que estava sendo dito era em hebraico, com a devida tradução e coerência entre o que era falado e interpretado.

Confesso que não entendi todas as palavras ditas, visto que nessa ocasião, estava aprendendo o hebraico e algumas palavras que eu sabia o significado, a pessoa que traduziu, o fazia corretamente. Informo ainda, que quem traduziu, tenho a plena certeza de que não tem conhecimento de fala ou escrita dessa língua.

O interessante é que vi neste maravilhoso fenômeno como uma resposta de Deus, pois estava convencido de que o dom de línguas conforme descrito na Bíblia, não poderia acontecer nos dias atuais e Deus me provou o contrário.

Naturalmente, após o culto eu me aproximei dessa irmã que falava em hebraico e perguntei qual era o idioma que fôra utilizado. Ela me disse que não sabia, mas as palavras vinham e saiam pela sua boca. Procurei então a pastora que na ocasião foi quem trouxe a tradução e fiz-lhe a mesma pergunta. Ela riu e disse que foi o Espírito Santo que colocou aquelas palavras em seu coração.

Os acontecimentos nesse dia foram totalmente fora do que eu havia presenciado dezenas e dezenas de vezes, pois apenas uma pessoa falou e outra interpretou. Houve harmonia tanto da igreja como na quantidade de palavras ditas e interpretadas.

Já houve ocasião em que apenas uma pessoa falava e interpretava. Apesar de haver interpretação, algumas palavras eram repetidas; a interpretação mudava para essa mesma palavra e a pessoa costumava, por exemplo, falar no máximo cinco palavras e a tradução era composta de vinte a trinta palavras em português.

Seria como se a pessoa dissesse apenas uma palavra composta por poucas letras e a tradução seria apresentada com uma pequena exortação de no mínimo seis frases completas.

Nesse caso específico, não posso racionalmente determinar como glossolalia, pois a repetição das mesmas palavras não pode resultar em uma mensagem com grande riqueza de palavras na língua portuguesa.

Na realidade essas ocasiões em que são ditas apenas umas poucas palavras e mesmo tendo uma mensagem de exortação, está longe de poder ser considerado como glossolalia bíblica.

É importante lembrarmos que o falar em língua extática sem o pleno controle do que acontece, é visto e tem acontecido também em religiões pagãs e seitas.

Um exemplo bastante conhecido pode ser visto no espiritismo e segundo Gromacki podemos encontrar esse mesmo fenômeno no relato de Wenamon (1100 a.C), nos diálogos de Platão (429-347 a.C.), na Eneida de Vergílio (70-19 a.C.), na pitonisas de Delfos descrito por Crisóstomo, etc. (GROMACKI, 1986, pág. 16-19).

Todas elas alegam possuir o "dom" espiritual de falar línguas estranhas e, muitas, mesmo estando afastada dos ensinamentos de Cristo, não apresentando uma mensagem de edificação alegam possuir esse dom através da ação do Espírito Santo de Deus.

Hoje, muitos têm perdido a noção de que muitas manifestações espirituais, mesmo que pareçam procederem de Deus não provém de Deus. Vejamos novamente a advertência que nos faz o apóstolo João em sua epístola (I Jo 4.1): "*Amados, não creiais a todo o espírito, mas provai se os espíritos são de Deus, porque já muitos falsos profetas se têm levantado no mundo*".

Gostaria de fazer algumas considerações. Mesmo sendo claro que muitos cristãos sinceros e dedicados a Palavra de Deus, têm buscado e apresentado esse dom, precisamos entender que qualquer experiência que contradiga as Escrituras, deve ser considerada reprovada ou como diz os textos bíblicos, seja considerada anátema, e por esse motivo devemos nos afastar dela.

A experiência de falar em línguas hoje em dia vistas nas igrejas de um modo geral contradiz completamente os ensinos da Bíblia Sagrada com relação ao seu propósito, sua duração e natureza do dom, bem como quanto à regulamentação (regras) do seu uso. Logo, podemos deduzir que esse moderno fenômeno de falar em língua na igreja, não pode ser de Deus, pois Deus não contradiz sua palavra.

Ao presenciarmos uma manifestação legítima de falar em línguas, veremos que ela estará sempre de acordo com o estabelecido pela Bíblia Sagrada. Veremos também que a língua falada será humana e inteligível, não haverá nenhum evento que discorde ao descrito pela Palavra de Deus, e a ação terá o propósito de edificar o corpo de Cristo como um todo e haverá alguém para interpretá-la se for o caso.

Se não for assim ou havendo discordância dos ensinamentos bíblicos, então, a obra não é de Deus, mesmo que recheadas de palavras de sabedoria, porque isso pode ser artimanha utilizada para que demos crédito ao que foi dito, e mais a frente pode nos levar a alguma armadilha.

Analisando friamente e deixando de espiritualizar tudo em nossas vidas, vejo no momento apenas três fontes para essas manifestações: o coração ou a vontade humana, a fraude e Satanás.

Vejamos o texto bíblico abaixo que podemos utilizar para o que venho tentando dizer:

"Nem todo o que me diz: Senhor, Senhor! entrará no reino dos céus, mas aquele que faz a vontade de meu Pai, que

está nos céus. Muitos me dirão naquele dia: Senhor, Senhor, não profetizamos nós em teu nome? E em teu nome não expulsamos demônios? E em teu nome não fizemos muitas maravilhas? E então lhes direi abertamente: Nunca vos conheci; apartai-vos de mim, vós que praticais a iniquidade" (Mt 7.21-23).

Gostaria de enfatizar que o dom de línguas é hoje aceito não apenas por denominações evangélicas, mas também por não evangélicos e alguns chegam a ter o mesmo tipo de pensamento que infelizmente o pentecostalismo colocou na mente de muitas pessoas; eles verdadeiramente acreditam que se não for possível falar língua estranha, então não é possível ter sido batizado com o Espírito Santo.

Para finalizar, citamos mais uma vez Gromacki que apresenta as avaliações linguísticas do falar em línguas:

> As conclusões de eruditos linguísticos também demonstraram que a moderna glossolalia consiste em sons desconhecidos e que algumas das pretensões de falar em línguas conhecidas são falsas. A verdadeira glossolalia (o falar uma língua não previamente falada) é raríssima. "Mosiman estudou muitos dos casos supostos e achou que nem um sequer era autêntico. Robert L. Dean, um psicólogo contemporâneo, chega a mesma conclusão.

William Welmes, professor de línguas africanas na UCLA, chamou o moderno fenômeno uma fraude e uma monstruosidade.

[...] As conclusões dos linguistas indicam que a moderna glossolalia é composta de sons desconhecidos, sem vocabulário e feições gramaticais que a distingam, com simuladas feições estrangeiras e com uma ausência total de características de idioma. O caráter essencial desse novo movimento é, portanto, contradição com o fenômeno bíblico de falar em línguas conhecidas (GROMACKI, 1986, pag. 104-106).

Ser cheio do Espírito Santo nem sempre resulta no falar em línguas

Resta ainda um ponto que precisa ser tratado com respeito à experiência de falar em línguas e ser cheio do Espírito Santo. Por existirem vários casos em Atos em que pessoas receberam o poder do Espírito Santo e começaram ao mesmo tempo a falar em línguas; o ensino pentecostal e líderes de igreja independentes têm sustentado que o sinal externo do batismo no Espírito Santo é o falar em línguas.

Porém, isso é apenas uma parte da realidade e não abrange na totalidade o ensino ortodoxo bíblico; é importante perceber que há muitos casos em que ser cheio do Espírito Santo não resulta e nem resultará em falar em línguas como se é pregado.

Vejamos alguns exemplos para melhor entendimento: quando Jesus foi cheio do Espírito em Lucas 4.1, o resultado não foi falar em línguas e todos concordamos com essa afirmação, mas o resultado de Jesus ser cheio do Espírito Santo, resultou em poder para vencer as tentações de Satanás no deserto. Não querendo dizer aqui que Jesus não tinha poder até então, pois sabemos que Jesus é Deus e possui todos os atributos divinos.

Quando finalmente as tentações terminaram, Jesus no poder do Espírito regressou para a Galiléia conforme está descrito em Lucas 4.14. Vemos também aqui que o resultado também não foi falar em línguas, mas operação de milagres, de cura, expulsão de demônios e acima de tudo, ensino com autoridade. Vemos com isso que não há qualquer menção de que Jesus tenha falado em línguas no Novo Testamento.

Isabel, descendente de Arão e esposa de Zacarias é mais um exemplo que pode ser citado. O fato relevante está no relato de que quando Isabel ficou cheia do Espírito Santo, ela também não falou em línguas. As Escrituras relatam que Isabel ao ser cheia do Espírito Santo, proferiu uma palavra de bênção a Maria, reconhecendo que era gerada no ventre de Maria, era "seu Senhor e demonstrou sua disposição de ser obediente a ele", conforme complementa Gardner citando Lc 1.41-45 (GARDNER, 2008, pág. 274).

Zacarias, pai de João Batista quando ficou cheio do Espírito Santo, profetizou e não falou em línguas (Lc 4.14). Existem ainda outros resultados que podemos encontrar onde descreve que ser cheio do Espírito Santo também não resultou no falar em línguas, mas em pregações do evangelho, como vemos em Atos 4.31; pregação e testemunho com poder quando em julgamento (At 4.8), visão do céu (At 7.55), fé e maturidade de vida (At 11.24).

Se prestarmos atenção, notaremos que alguns desses casos podem também envolver a plenitude do Espírito Santo para capacitação de ministério, em especial no contexto do livro de Atos, onde essa capacitação, resultava na realização de milagres, pregação e obras de grande poder.

A Bíblia não relata quais resultados havia na vida de João Batista, que foi "cheio do Espírito Santo, já do ventre materno" conforme Lc 1.15; mas diz que *a mão do Senhor estava com ele* " (Lc 1.66) e "*o menino crescia e se fortalecia em espírito*" (Lc 1.80).

Embora a experiência de ser cheio do Espírito Santo possa resultar no dom de falar em línguas estrangeiras ou no uso de alguns outros dons não experimentados anteriormente, a maioria das vezes, esses dons manifestados não inclui o dom de falar em línguas.

Em relação a esse e outros dons, devemos dizer simplesmente que o Espírito Santo os distribui "*como lhe apraz, a cada um, individualmente*" (1Co 12.11).

Finalizando esta seção, transcrevo as palavras expressadas por Robert Gleen Gromacki:

> Em resumo, ele disse: "Mas um só e o mesmo Espírito opera todas estas coisas, repartindo particularmente a cada um como quer" (12.11). Esses dons, portanto, são dádivas soberanas ("como ele quer") de capacidade espiritual a crentes. Eles não podem ser conquistados por meio de iniciativa humana, seja por origem, seja por desenvolvimento. Não dependem de oração humana ou de fidelidade. São dados como Ele deseja dar, não como o homem deseja receber (GROMACKI, 1986, pág. 174).

Conclusão

Os dons espirituais são dons que o Espírito Santo confere aos servos de Deus para a edificação da igreja e isto parece ser inquestionável no meio religioso. A manifestação desses dons é a confirmação do "batismo do Espírito Santo" e isso de forma alguma, implica em falar em línguas que é um dos menores dons, segundo o apóstolo Paulo.

Um alerta que deixo é que não devemos nos deixar enganar por ensinos desprovidos dos ensinamentos bíblicos que nos são apresentados. Também não devemos nos deixar ser pressionados por enganos engendrados pelo inimigo, pois seu objetivo é provocar divisão nas igrejas, enfraquecendo, dividindo-as e levando os cristãos ao vício (no modo pejorativo da palavra) no falar de língua estranha.

O resultado dessa advertência tem levado pessoas substituírem a Palavra de Deus em favor de uma pseudoexperiência de maior espiritualidade. Esses, alegam que seguindo os padrões específicos bíblicos é como quiséssemos limitar o poder de Deus.

Alegam ainda, que essa experiência (falar em língua extática) é a verdadeira revelação de Deus aos homens, e qualquer pessoa que não a tenha experimentado, não pode ser considerado como verdadeiro cristão.

Quero esclarecer o que já venho repetindo por diversas vezes, que o batismo com o Espírito Santo, não implica necessariamente no falar em línguas. Cito novamente que creio na revelação do Espírito Santo através da Palavra de Deus, mas não em revelamento apresentado pela igreja.

O que a Palavra de Deus diz a respeito de qualquer assunto, está acima de qualquer profetada, revelamento, visagem e ou entendimento que a igreja possa ter sobre qualquer assunto.

Repito que todos os dons são concedidos por Deus para que sejam úteis ao Corpo de Cristo como um todo e não para proveito próprio ou mesmo pseudodemonstração de poder e ou autoridade. E qual tem sido a utilidade desse dito "dom" de falar em língua extática, além de provocar a divisão e a quebra dos ensinamentos bíblicos?

Devemos tomar as devidas precauções neste tempo que muitos chamam de tempo de apostasia, pois muitos tentarão nos enganar conforme nos alerta a Palavra de Deus: *"Porque surgirão falsos cristos e falsos profetas, e farão tão grandes sinais e prodígios que, se possível fora, enganariam até os escolhidos. Eis que eu vo-lo tenho predito"* (Mt 24.24,25).

Fontes de pesquisa

Bíblia de Estudo de Genebra – Sociedade Bíblica do Brasil e Editora Cultura Cristã, São Paulo 2009

Bíblia de Estudo MacArthur – Sociedade Bíblica do Brasil, São Paulo, 2011

Bíblia on Line

Bíblia de Estudo – Aplicação Pessoal – Casa Publicadora das Assembleias de Deus, Rio de Janeiro, 2009

CROMACKI, Robert Gleen – Movimento moderno de línguas – JUERP, Rio de Janeiro, 1986

HALLEY, Henry Hampton – Manual Bíblico de Halley – Editora vida Acadêmica. São Paulo, 2001

LANGSTON, A. B. – Esboço de Teologia Sistemática – JUERP, Rio de Janeiro, 1999

OLIVEIRA, Oséias Gomes – Concordância Bíblica Exaustiva Joshua – Editora Central Gospel, Rio de Janeiro, 2012

MACDANIEL, Geo W. – As igrejas do Novo Testamento – Editora Juerp – Rio de Janeiro, 1989

Dicionário Eletrônico Aurélio

ANDRADE, Claudionor Correa de - Dicionário Teológico – Casa Publicadora das Assembleias de Deus, Rio de Janeiro, 2010

GRUDEM, Wayne - Teologia Sistemática – Editora Vida Nova, São Paulo, 1999

LOPES, Hernandes Dias – Atos – A ação do Espírito Santo na vida da igreja – Editora Hagnos, São Paulo, 2012

WIERSBE, Warren W. - Comentário Bíblico Expositivo – Geográfica Editora e Editora Central Gospel, São Paulo, 2008

MURRAY, John – Comentário Bíblico Fiel – Romanos – Editora Fiel, São Paulo, 2003

LOPES, Hernandes Dias – Comentários Expositivos Hagnos – Romanos – O evangelho segundo Paulo – Editora Hagnos, São Paulo, 2010

RADMACHER, Earl D & Ronald B. ALLEN, & H. Wayne HOUSE - O Novo Comentário Bíblico – Novo Testamento – Editora Central Gospel, Rio de Janeiro, 2010

RICHARDS, Lawrence O. – Comentário Histórico-Cultural do Novo Testamento – Casa Publicadora das Assembleias de Deus, Rio de Janeiro, 2007

RUSCONI, Carlo – Dicionário do Grego do Novo Testamento – Editora Paulus, São Paulo, 2011

LOPES, Hernandes Dias – Comentários Expositivos Hagnos – Efésios – Igreja, a noiva gloria de Cristo – Editora Hagnos, São Paulo, 2009

MARSHALL, I. Howard – Atos – Introdução e comentário – Editora Vida Nova, São Paulo, 2007

Grande Enciclopédia Larousse Cultural – Editora Nova Cultural, São Paulo, 1998

PFEIFFER, Charles F. & Howard, F. VOS & REA - Dicionário Bíblico Wycliffe – Casa Publicadora das Assembleias de Deus, Rio de Janeiro, 2009

LOPES, Hernandes Dias – Comentários Expositivos Hagnos – 1 Pedro – Com os pés no vale e o coração no céu – Editora Hagnos, São Paulo, 2012

GARDNER, Paul – Quem é quem na Bíblia Sagrada – A história de todas as personagens da Bíblia – Editora Vida, São Paulo, 2008

Novo Testamento Interlinear – Grego Português – Sociedade Bíblica do Brasil, São Paulo, 2009

www.ingramcontent.com/pod-product-compliance
Lightning Source LLC
Chambersburg PA
CBHW021133020426
42331CB00005B/744